つらいと誰かにいうことが一番つらいから

もちぎ

扶桑社

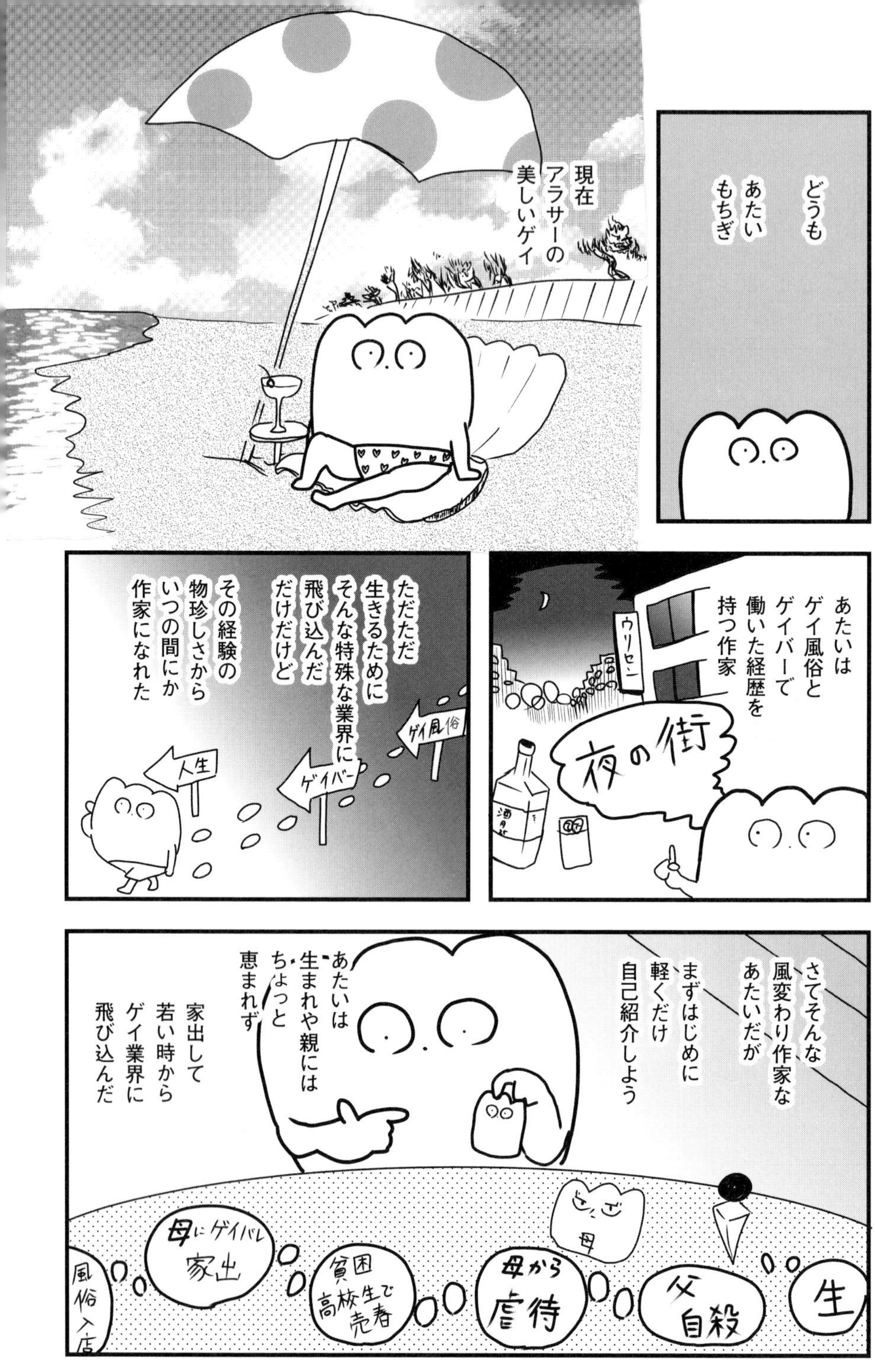
どうも
あたい
もちぎ
現在
アラサーの
美しいゲイ
あたいは
ゲイ風俗と
ゲイバーで
働いた経歴を
持つ作家
ウリセン
夜の街
ただただ
生きるために
そんな特殊な業界に
飛び込んだ
だけだけど
その経験の
物珍しさから
いつの間にか
作家になれた
ゲイ風俗
ゲイバー
人生
さてそんな
風変わり作家な
あたいだが
まずはじめに
軽くだけ
自己紹介しよう
あたいは
生まれや親には
ちょっと
恵まれず
家出して
若い時から
ゲイ業界に
飛び込んだ
母
生
父
自殺
母から
虐待
貧困
高校生で
売春
母にゲイバレ
家出
風俗入店

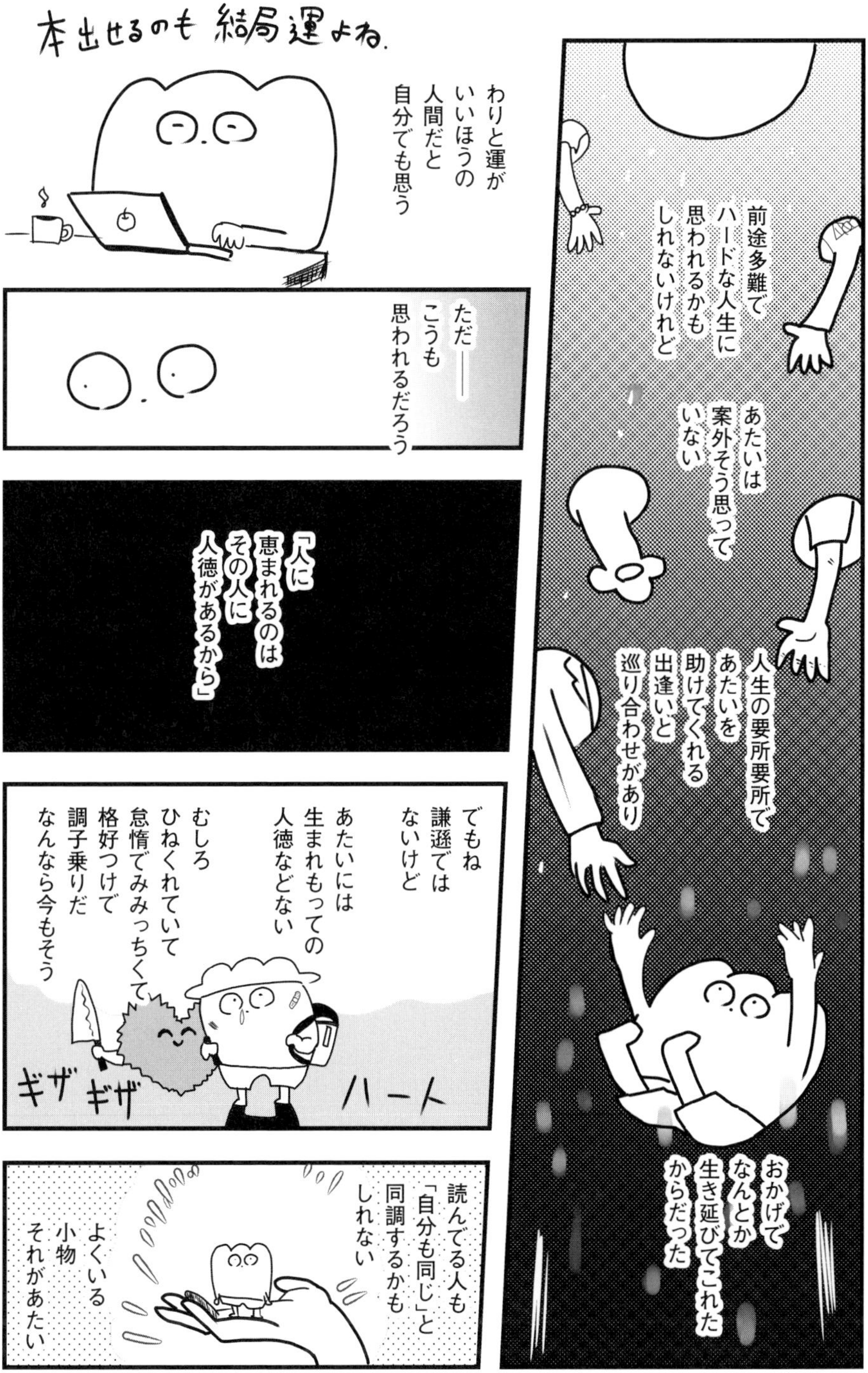

前途多難で
ハードな人生に
思われるかも
しれないけれど
あたいは
案外そう思って
いない
人生の要所要所で
あたいを
助けてくれる
出逢いと
巡り合わせがあり
おかげで
なんとか
生き延びてこれた
からだった
本出せるのも 結局運よね.
わりと運が
いいほうの
人間だと
自分でも思う
ただ——
こうも
思われるだろう
「人に
恵まれるのは
その人に
人徳があるから」
でもね
謙遜では
ないけど
あたいには
生まれもっての
人徳などない
むしろ
ひねくれていて
怠惰でみみっちくて
格好つけで
調子乗りだ
なんなら今もそう
ギザギザ
ハート
読んでる人も
「自分も同じ」と
同調するかも
しれない
よくいる
小物
それがあたい

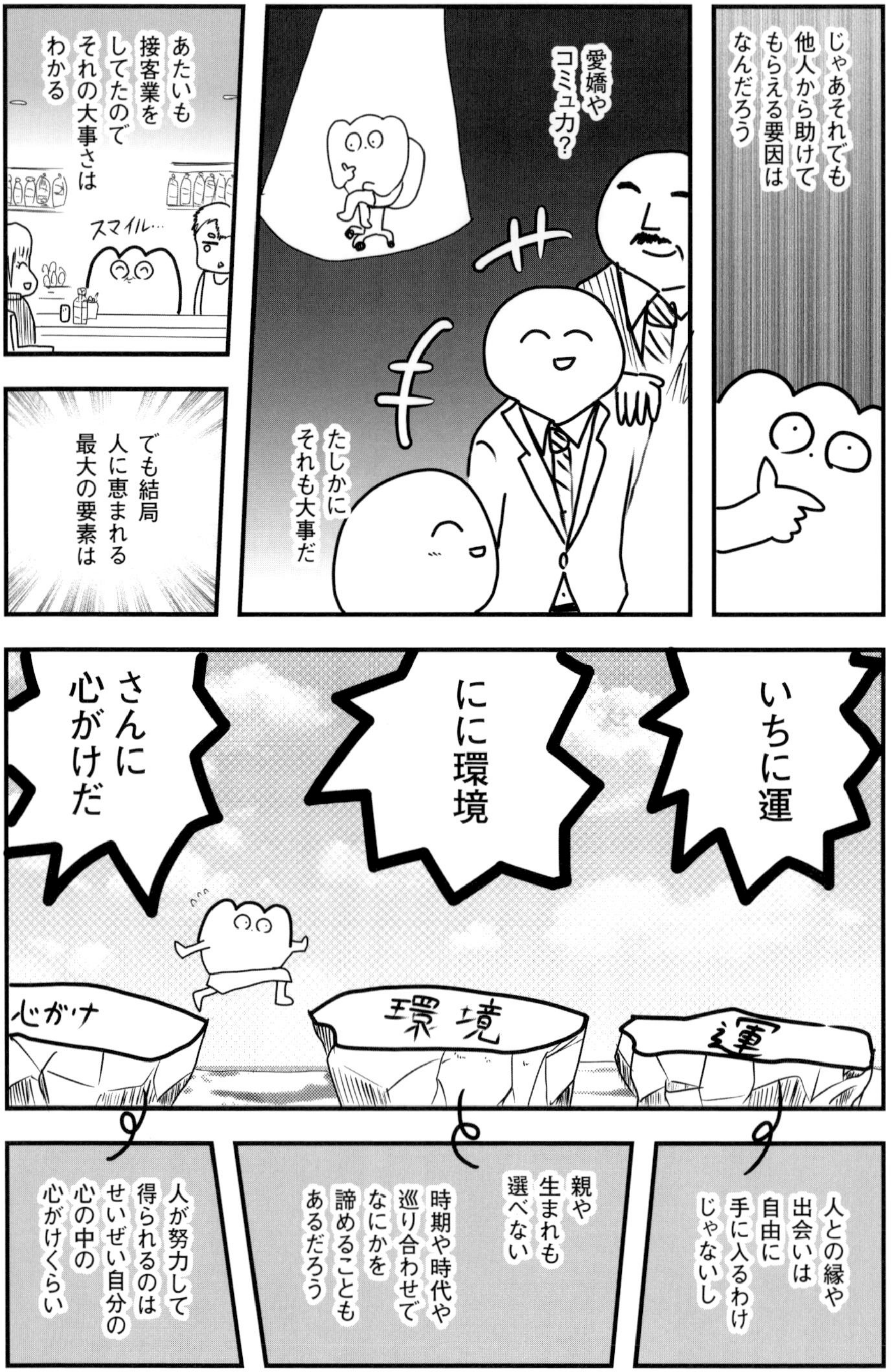
じゃあそれでも
他人から助けて
もらえる要因は
なんだろう
愛嬌や
コミュ力?
たしかに
それも大事だ
あたいも
接客業を
してたので
それの大事さは
わかる
スマイル…
でも結局
人に恵まれる
最大の要素は
いちに運
にに環境
さんに
心がけだ
運
環境
心がけ
人との縁や
出会いは
自由に
手に入るわけ
じゃないし
親や
生まれも
選べない
時期や時代や
巡り合わせで
なにかを
諦めることも
あるだろう
人が努力して
得られるのは
せいぜい自分の
心の中の
心がけくらい

あたいの場合
生まれという
運についてはアレだったから
ともかく
殺すー!!
母
《心がけ》は
意識して
積極的に
生きてきた
つもりだ
誘われれば
ホイホイ
遊びに行き
ゲイ風俗店長
目上の人とも
関わって
他人に対して
心を開き
まくっていた
でも
社交の場で
中心にいる
わけでもないし
グループの
はしが好き
人と話すのは
好きだけど
基本は内向的で
案外シャイだ
時折
一人で
バーに行って
カランカラン
誰とも
話さずに
静かに飲む
こともある
話すだけが
人付き合いじゃ
ないとも
知っている

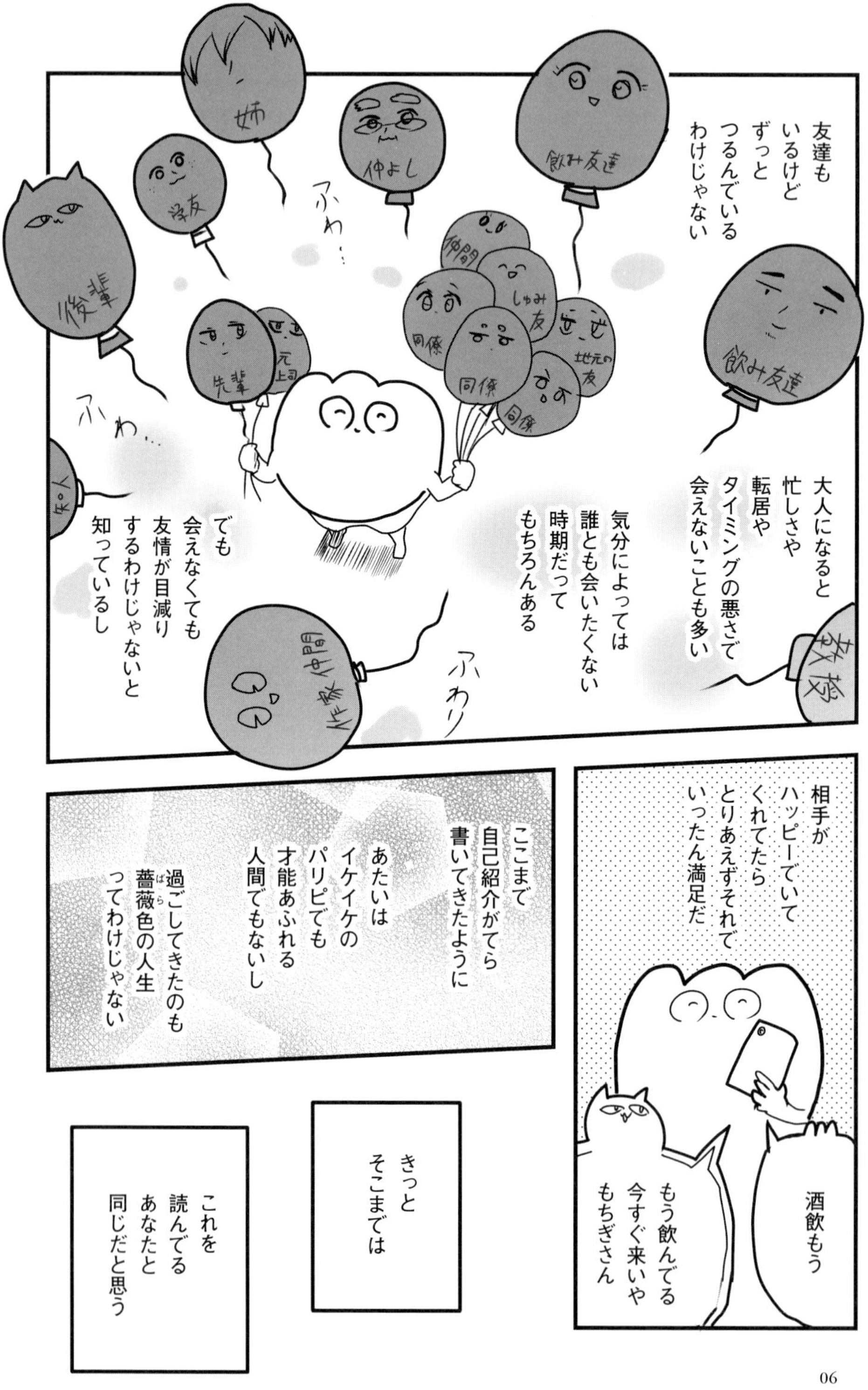
友達も
いるけど
ずっと
つるんでいる
わけじゃない
姉
仲よし
飲み友達
後輩
ふわ…
仲間
しゅみ友
同僚
先輩
飲み友達
ふわ…
大人になると
忙しさや
転居や
タイミングの悪さで
会えないことも多い
気分によっては
誰とも会いたくない
時期だって
もちろんある
でも
会えなくても
友情が目減り
するわけじゃないと
知っているし
ふわり
相手が
ハッピーでいて
くれてたら
とりあえずそれで
いったん満足だ
酒飲もう
もう飲んでる
今すぐ来いや
もちぎさん
ここまで
自己紹介がてら
書いてきたように
あたいは
イケイケの
パリピでも
才能あふれる
人間でもないし
過ごしてきたのも
薔薇《ばら》色の人生
ってわけじゃない
きっと
そこまでは
これを
読んでる
あなたと
同じだと思う

でも
あたいは
そこそこ
生きやすい
それは
あたいなりに
上手いこと
他人と
頼り・頼られの
関係が
できているから
だと思う
頼るだけ
じゃなく
頼られて
頼られる
だけじゃなく
頼る
それができたら
人生グッと
楽になった
まぁでも
そんなこと
みんなわかってる
だろうし
上手に
できないからこそ
この本を手に
取ってくれた
んだろうけどさ
わかるよ

ただね、
この本は
多くの人に好かれるテクニックなんてものを
直伝するわけじゃない
BIG LOVE
そんなのあたいは知らないし
あんまり興味ないもん
ていうか嫌じゃない？
好かれるのを維持し続けるための人生なんて
この本ではもっと気楽に
今ある関係を改めて見つめ直したり
自分に合ったペースで生き方を考える本にしたい
自分に対して「これでいいんじゃね？」と
自分自身が納得できるための本に

意気込み過ぎず
それくらいで
いいんです
ポイッ
読書なんて

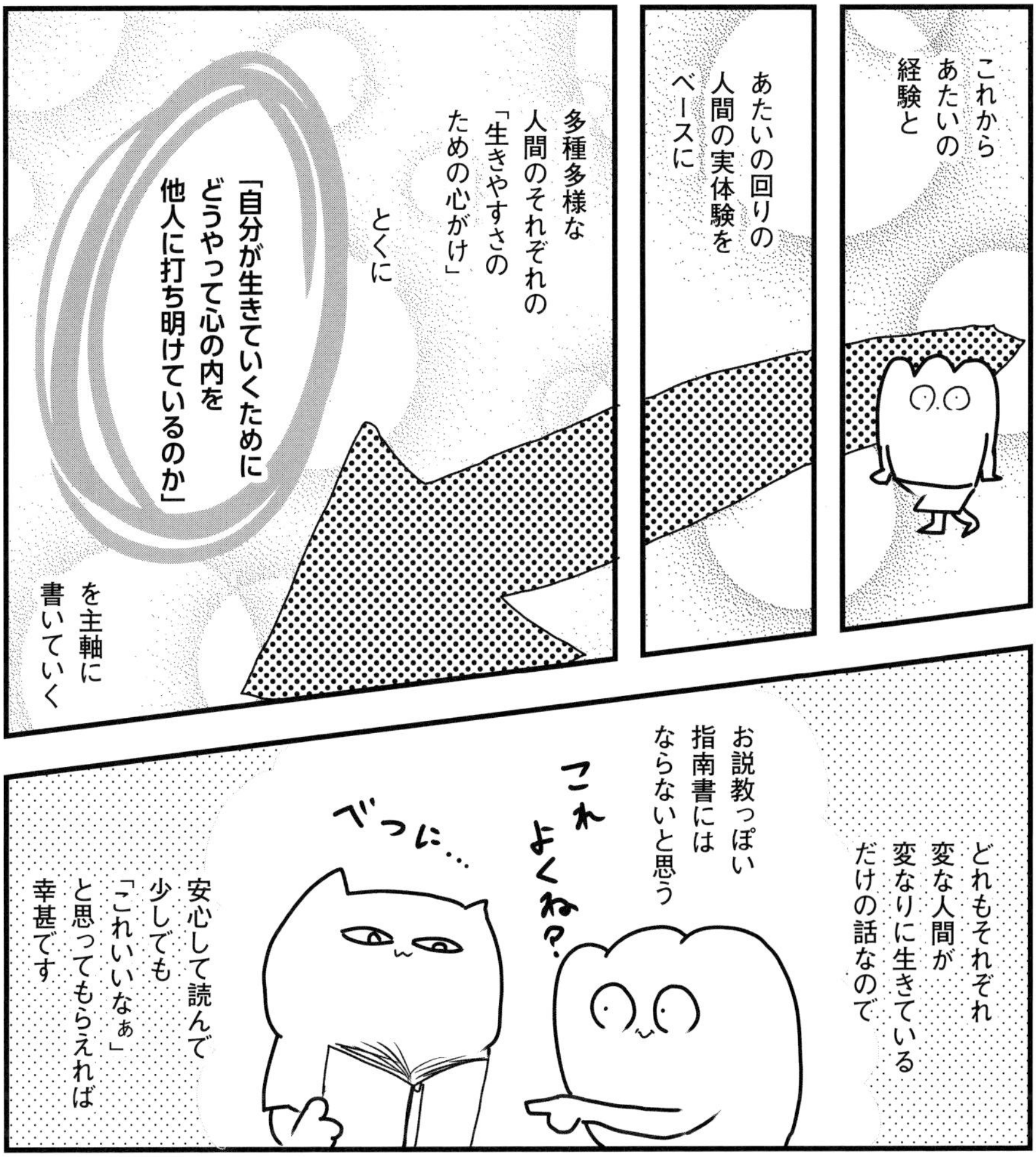
これから
あたいの
経験と
あたいの回りの
人間の実体験を
ベースに
多種多様な
人間のそれぞれの
「生きやすさの
ための心がけ」
とくに
「自分が生きていくために
どうやって心の内を
他人に打ち明けているのか」
を主軸に
書いていく
どれもそれぞれ
変な人間が
変なりに生きている
だけの話なので
お説教っぽい
指南書には
ならないと思う
これ
よくね？
べつに…
安心して読んで
少しでも
「これいいなぁ」
と思ってもらえれば
幸甚です

人はべつに孤独でも生きられるけれど
他人を頼らなきゃ人生の難易度が上がる時があるし
たまには誰かから頼られなきゃ満足しないような
めんどうな生き物なのだ
さぁこの本とともに自分なりのめんどくささと付き合っていこう

なんだかんだ生きてきた「あたいの足跡」

6歳	父自殺 ゲイの自覚あり ませた子どもだった
幼少期	母ちゃんが苛烈 荒んだ家庭環境でぼーっと過ごす
中学生	唯一信頼できた姉ちゃんが家を出て 母ちゃんとあたいの熾烈《しれつ》な毎日を過ごす 学校は不登校で外をふらふらしてた 中学の恩師の先生に遊んでもらい ドロップアウトをかろうじて踏みとどまる
高校生	ずっとバイトして家計を支えてた 運転免許と家出費用が欲しかったので男性相手に売春してた それがバレて高3の最後に家出
18歳	ゲイ風俗で働きながら受験勉強 友達や同僚に勉強を教えてもらい お客様に入学費用や模試代をいただきながら 無事合格
20代前半	ゲイ風俗で大学卒業まで五年働く いろいろあった日々ですわ……
20代半ば	会社でゲイバレし、パワハラもあって鬱《うつ》になり退職 無職期間中に仲の良い友人に ゲイバーに連れて行ってもらい、そこでママに相談してたら 「じゃあ、うちで働けば？」と言われる　ラッキ～
20代後半	鬱を療養しながらゲイバーで三年働く その後、ゲイバー退店後に農家まがいのことしてたら Twitterでバズって作家デビュー
現在アラサー	作家業しつつ、二度目の学生生活中

目次

誰の中にもある、「つらさ」の種

「コミュニケーション能力が高いと、仕事の面でも、私生活でも、とりあえず生きやすくなります」

いつからだろう。そんな考えが、多くの人に支持されるようになったのは。不器用なくらいがちょうどいいなんて時代もあった気がするけど、どうやらそれはもう昔の話らしい。

今はとにかく、「コミュ力が高いと生きやすい」が主流のようだ。

本屋に行くと、ビジネス書もメンタルケア本も雑誌もエッセイも、どこもかしこも「上手に他人とコミュニケーションを交わすには?」というテーマの本が並んでいる。

そもそもまず、あたいたちは学校で「みんなで仲良くしましょう」と教わる。そこに逃げ場はないから、あらゆる人間が子どもの頃から《積極的なコミュニケーションが良しとされる世界》に、いつの間にか参加させられている。

仲良くすること、上手に人と話すこと——

運動ができる子もいれば、音楽ができる子もいるように、「話すこと」にも得手《えて》不得手があるはずなのに、ここだけは誰でも頑張ればできると精神論で片づけられてしまう。そして、「誰でもできる」「やればできる」と言われるほど、なんで自分はできないんだろうと心が塞《ふさ》がってしまう。

「私、コミュニケーション苦手なんです」

メディアでそんなことを言う人もいる。でも同時に、「もし苦手なら、何かしらの突出した才能がないと帳尻が合わない」と厳しく目が光る社会でもある。だから、とんでもなく秀でた才能がない限りは、やっぱりコミュ力が必要必須の生命線になってしまう。

人付き合いに、正解なんてあってたまるか

家族や恋人と「上手く付き合うには？」
友達や学校、職場の人に「気に入られるには？」
ビジネス人脈やグローバルな場で「広く知られるには？」
ネットやＳＮＳで「多くの人に愛されるには？」

10代、20代、そこそこディープな街でいくつもの夜を重ねてきたけど、そんなことの正解をあたい

は知らない。いやきっと、本当は正解なんてないことをみんな薄々気づいているのに、「その関係が正しいかどうか」「会話がちゃんと円滑かどうか」「その繋がりが成功か失敗か」を判断したがる人がいるからみんなも気になる。みんなも気にするから自分も気にかける。そして、良いコミュニケーションかどうかの基準ばかりが増えて、合格点はどんどん高くなっていく。そのせいで、人と話すことになおさら尻込みするようになってしまうんだ。

そして、寄る波があれば引く波があるように、「おひとり様でも上手く生きる」「孤独でも楽しく生きる方法」「もっと自分勝手に！」と、いっそ世間から離れてしまえと促《うなが》す声も聞こえてくるようになった。SNSでは「人見知りあるある」「ぼっち大好き」なんて投稿が共感を呼んで、いろんな業界で「ソロ○○」といったフレーズが生まれている。

〝コミュ力社会〟とそれに対抗する〝ソロ活社会〟が、多様性尊重の下でひしめき合っている。

だけど、そもそも一人で楽しく生きてる人は、他人から「こうすれば一人でも大丈夫。人目を気にせず、評価を気にせず、自分勝手にゆるくマイペースに生きましょう！」なんてアドバイスされなくても、勝手に一人で生きてる。

そして多分、この本もわざわざ手に取らないだろう。

「社会の中で、人の中で、孤独に慣れる」

それが自然にできない、上手くできない、やりたくもない――そういう欲張りで、なおかつ「コミュ力高めな人」と「一人で生きられる人」の間でふらふらとたゆたっている人間が、なんとなく、今、この本を開いているのだと思う。

つらいと言えない

あたいもそう、あんたもそう。ただ、そういう人が抱えるモヤモヤは、いわゆるありふれたものとして軽視されやすい。


「一人は寂しくて、でも人の中にいるのはつらくて」

そんなこと、わがままで贅沢な悩みだと言われそうで言えない。

「本当の自分を押し殺して、誰にも頼れず、きちんと愚痴も吐けない」

そんなの、みんなそうだと言われる。

「悩みもつらさも悲劇というほど劇的でもなくて」

だったら悩まなくていい、と返される。

「同情を集めるほど愛嬌《あいきょう》を持てない」

努力しないからだ、と責められる。

「愚痴を吐いても許されるほど、他人から好感度が高くない」

気にしすぎ。誰もあなたなんて気にしていない、と笑われる。

そうやって一蹴されると思うと、「自分なんてどうせ、弱音を吐くほどの者じゃない」「もっとつらい人は世の中にいる」「もっと悲しいことは世界にありふれているから」と諦めてしまう。

「言わない」んじゃなくて「言えない」。

自分で言わないことを選んでいるようでも、どこかにいろんな束縛や後ろめたさがあって、言えないんだ。

自分より苦しい人がいるからといって、自分の苦しみがゼロにならないことも知っているのに、言えない。社会や他人や自分自身から聞こえてくる「そういうものだ」と諭《さと》す声に囲まれて、誰にもなにも語れず、一人でつらさを抱え込んでしまう。

話せば解決するものなの？

家、学校、会社、ＳＮＳ――いやでも人と話すことを避けられない、こんなコミュニケーションバブルな世の中なのに、《自分自身の本当のこと》を話す場所は、とても少ない。

そもそも本当の自分とやらがわからないし、それを話したところで、このモヤモヤや苦しみが軽くなって、人生が好転するのかどうかわからない。

本当の自分ってなに？

それを人に話したところで解決するの？

考えても考えても、答えは見つからない。


ただ一つ言えるのは、いつの時代も人は人と繋がりたいと望んできたし、家族や友人に囲まれて安心を得たがっているし、人と比べて自分に自信を持ちたいと考えたりもするし、やっぱり人と話したがっている。

食事や睡眠のようになかったら生きられないわけじゃないけど、ないと生きづらいもの。それが《話して繋がる》ってことなのかもしれない。

こんな風に書いていると、「人間って結局、そういう生き物なんだなぁ」と小さな希望のようなものを持ってくれる人もいるだろうし、「まぁ、だからなんやねん」と感じる人もいるだろう。きっと「他人に話したところでなにも解決しないなら無駄だ」と考える人もいるだろう。

でも、とりあえず読み進めてほしい。「なにもかも、この世にあるものは全部考えても無駄だ」と悟れるほど、あたいたちはなにかをまだ知っちゃいないんだから。

正解なんて、あたいとあんたの間にはない

人と話すこと——人と人との関係は、お金と違って数値化できないけど、はっきり濃淡が存在している。

それが好悪《こうお》（好き嫌い）という指標。

当然、ほとんどの人は人から好かれたいし、嫌われたくはない。だから、世の中にはコミュニケーション力を高めるため、「相手の話を上手く引き出す質問力」だったり、「共感力の高さ」だったり、「上手なリアクション」だったり、「傾聴する力」だったり、さまざまな方法が紹介されている。これらは「聞き上手」になるテクニックで、「話し上手」のほうだと「人の心に訴えかける抑揚」だったり、「ロジカルな話の組み立て方」だったり、「好かれる表情や印象を良くする声のトーン」なんかがある。

でも、みんながみんな人の話を聞くのが上手いわけじゃないし、上手くなろうと思って上手くなれ

るわけじゃない。みんながみんな話すのが上手いわけじゃないし、上手くなれるわけじゃない。それでいいのだと思う。

誰かと話して、それが上手くいくことも上手くいかないこともあるし、そこに正解なんかない。この本を通じて今、あたいと繋がっているあんたが、読んだ後にどんな思いを抱くかとか、それをあたいがどう受け取るかとか、そこに正解があるわけない。

だから、「人と繋がりたい」「誰かとわかり合いたい」と思うより先に、正解にたどりつく方法を考えることに、あまり意味はないだろう。たとえ正解を持っていそうな人や多くの人から好かれている人を、世の中が成功者と崇めたとしても、あたいたちには関係のないことだ。

人間なんて自分をわかってくれる人が一人でもいれば、あるいはこれからそんな存在が一人でも現れれば、それだけで生きていける生き物なのに、嫌われたくないし好かれたいから正解を求めて、数字や誰かの言葉に頼ってしまう。嫌われることが失敗とされるから、どんどん自分の本当の心を打ち明けられなくなっていく。「つらい」なんて言っちゃいけないと思えてくるし、もっとポジティブなこと、相手をハッピーにすることを言って好かれなくちゃと思ってしまう。

だからいつしか、つらいと言うことがつらくなってしまう。

ただ、だからといって、「嫌われてもいいから自分が快適に過ごせるように生きろ」とか「コミュニケーション社会に抗って自分勝手に生きろ」とか、無責任に言い放っていくつもりは、あたいにはない。社会からはみ出して一人で生きていけるほど悟ってもないし、コミュ力社会で強く生きられるわけでもない。「嫌われたくないし、強くなりたくもない」という欲張りに寄り添いたい。

これから書いていくのは、上を目指したり、下でうずくまっているわけでもない、そんなどこにでもいて、のらりくらりとコミュ力バブルの気泡を避けながら生きている人たちの、それぞれの「つらさの吐き出し方」だ。それぞれがそれぞれのやり方で、このクソみたいな世の中に、なんとか折り合いをつけて生き延びているって話。だから、決して正解じゃないし、もしかすると全然役に立たないかもしれない。でも、なにか一つでも「これいいな」って思ってくれたら、あたいは幸せ。

そしていつの日か、あんたの話も聞かせてほしい。

つらさを「話す」

第１話

その日の夜は
とても涼しかった。

「つらさについて
誰かに話を聞こう」
そうあたいが考えた時
真っ先に浮かんだのが
飲み仲間のペンギンさんだった。

ペンさんは
会社で同僚に関係を迫られ
それを拒否してから
逆恨みで執拗《しつよう》に
嫌がらせを受けて、

上司などに相談しても
相手に根回しされていたのか
聞き入れてもらえず
社内で四面楚歌《しめんそか》になり、

すべてに絶望して
退職後、自殺未遂を
したことがある人だった。

自傷行為と戦いながら
眠れない夜は飲み歩いて
生き長らえてきた
あたいの尊敬する友達。

そんなペンさんの
「つらさを抱えて
生き延びる」ための持論を
まずは紹介したい。

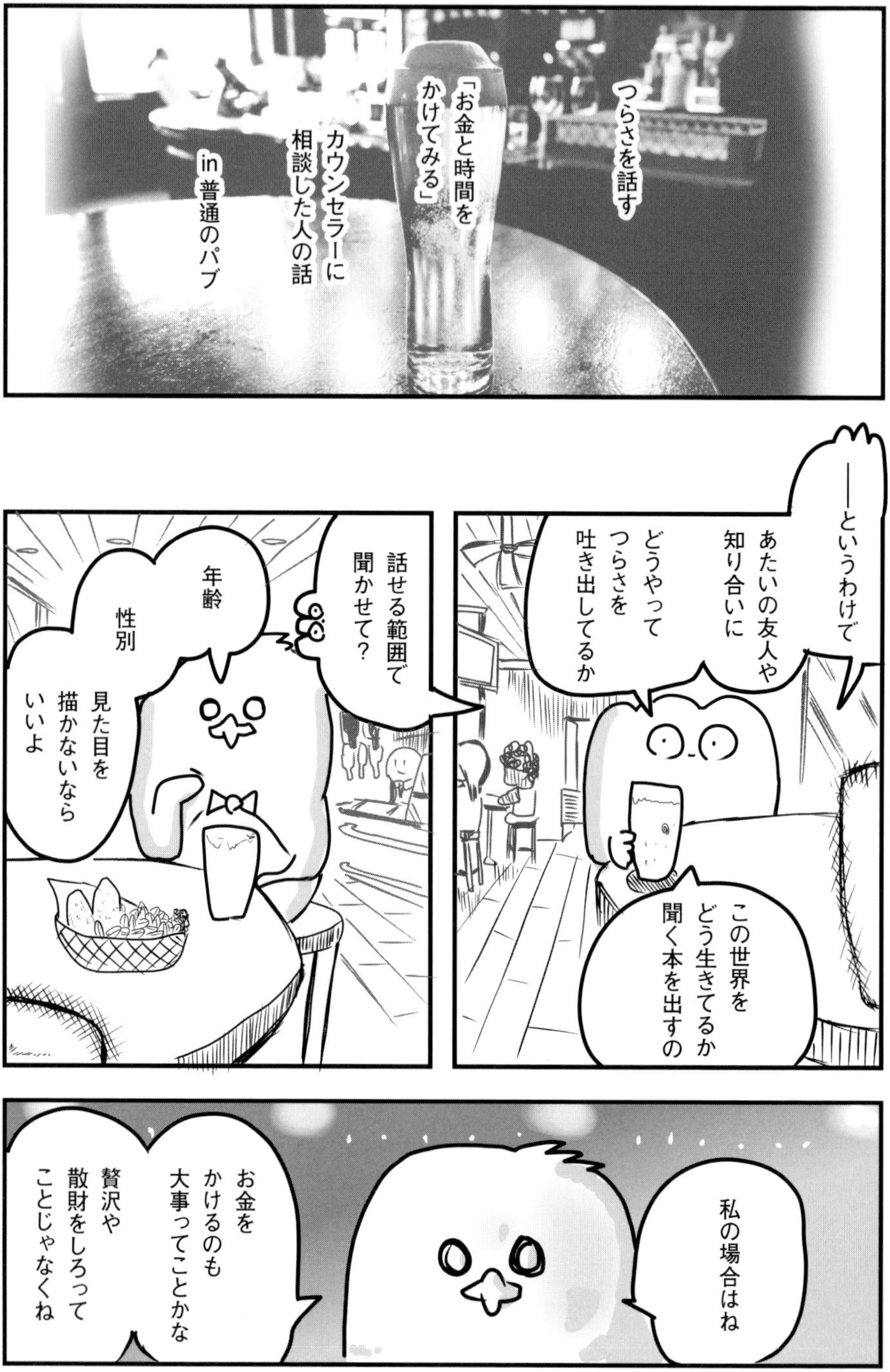
つらさを話す
「お金と時間をかけてみる」
カウンセラーに相談した人の話
in 普通のパブ
——というわけで
あたいの友人や知り合いにどうやってつらさを吐き出してるか
この世界をどう生きてるか聞く本を出すの
話せる範囲で聞かせて?
年齢 性別 見た目を描かないならいいよ
私の場合はね
お金をかけるのも大事ってことかな
贅沢や散財をしろってことじゃなくね

人間って
生きてるだけで
疲れるし
ほとんど毎日
クソじゃん
人生って
だからやっぱ
それを
共有したい
ものじゃない
話したところで
解決はしないけど
自分が
こう思ってるって
口にするだけで
脳がスッキリするから
でもね
話したことを
否定されるのも
嫌だし
アドバイスの
ツラをかぶって
指図されるのも
嫌なのよ
わかるよ
でしょ?
ビール
フィッシュ and チップス♡
だからといって
話をなんでも肯定して
ずっと聞いてくれる
のも嫌というか
信用
できないのよね
なんで?

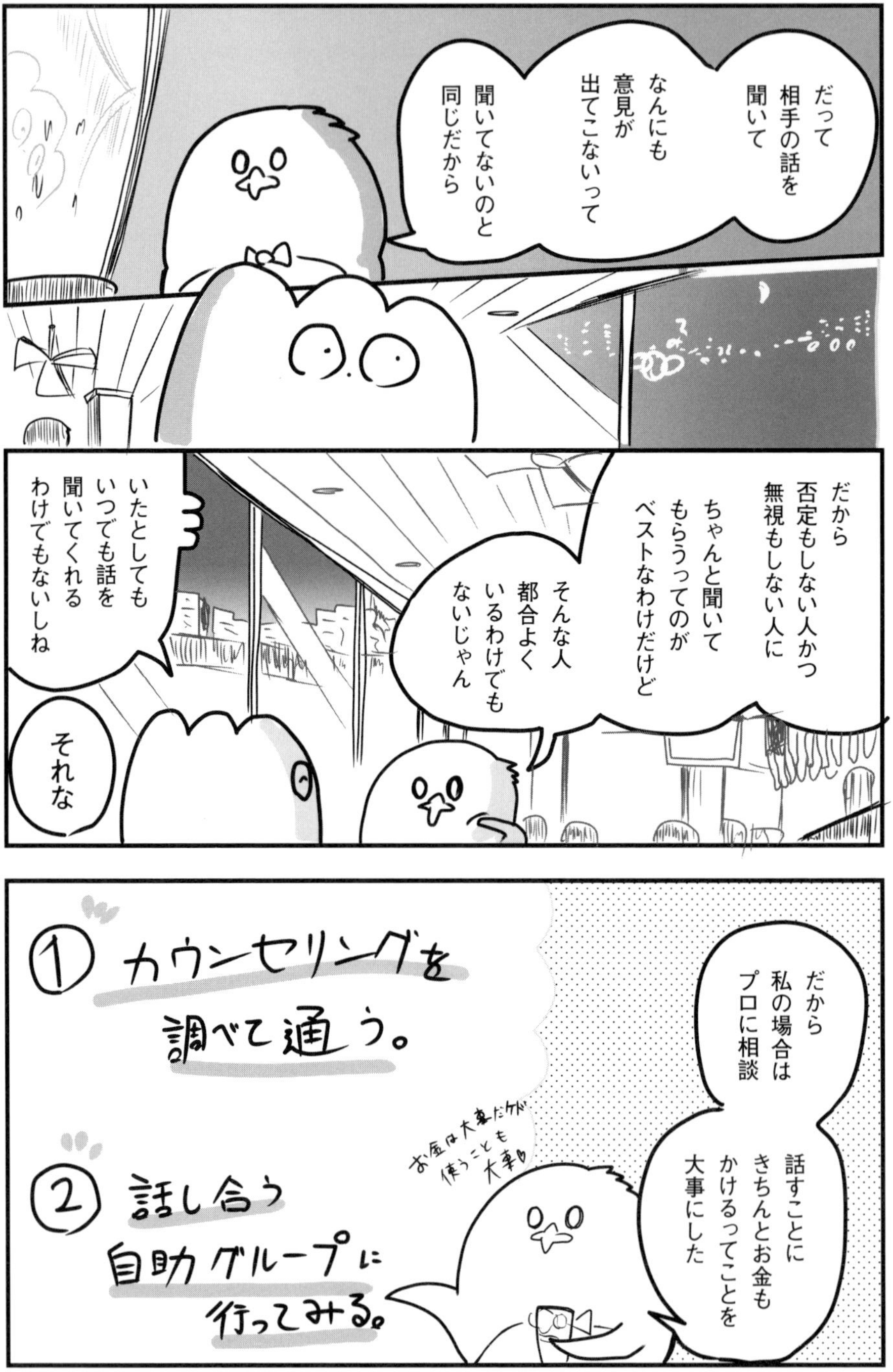
だって相手の話を聞いて なんにも意見が出てこないって 聞いてないのと同じだから
だから否定もしない人かつ無視もしない人に ちゃんと聞いてもらうってのがベストなわけだけど
そんな人都合よくいるわけでもないじゃん
いたとしてもいつでも話を聞いてくれるわけでもないしね
それな
だから私の場合はプロに相談
話すことにきちんとお金もかけるってことを大事にした
お金は大事だケド使うことも大事♡
①カウンセリングを調べて通う。
②話し合う自助グループに行ってみる。

自助グループって？
同じ問題を抱える者同士で集まる会みたいなの
犯罪被害者とか遺族同士だったり
依存症や毒親被害とか障がいや病気でも集まれるグループがあるよ
もちぎも鬱とか毒親のことで利用したことないの？
あたいの場合若い頃はゲイ風俗の同僚に毒親育ちが多くて話せたし
鬱の時はゲイバーに連れてってくれた友達がいたから
死にたい夜も一人じゃなくて死ぬ暇なかったわ
そりゃ僥倖《ぎょうこう》
自助グループはさ
「話を遮らない」「否定しない」
「反論や指摘をしない」っていう取り決めがあるにはあるんだけど…

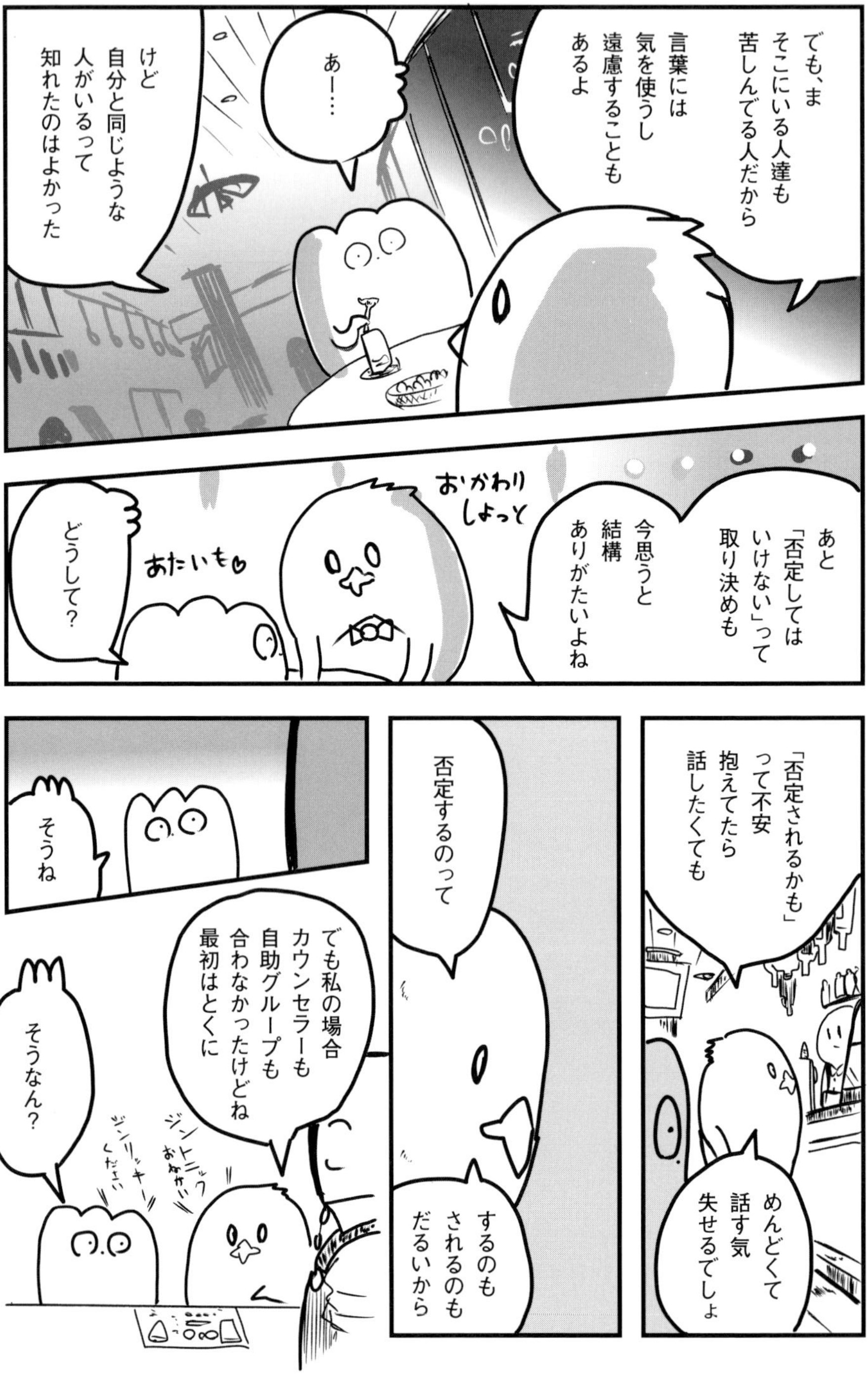
でも、ま そこにいる人達も 苦しんでる人だから 言葉には 気を使うし 遠慮することも あるよ
あー…
けど 自分と同じような 人がいるって 知れたのはよかった
あと 「否定してはいけない」って 取り決めも 今思うと 結構 ありがたいよね
おかわり しよっと
あたいも♡
どうして？
「否定されるかも」 って不安 抱えてたら 話したくても
めんどくて 話す気 失せるでしょ
否定するのって
するのも されるのも だるいから
そうね
でも私の場合 カウンセラーも 自助グループも 合わなかったけどね 最初はとくに
そうなん？
ジントニック おねがい
ジンリッキー ください

まぁ カウンセラーも 人間だしさ
なんかノリとか 声とか顔が 気に入らんって あるじゃん
なんか くいもの たのむ？
声とか 顔って（笑）
いや大事よ？ こういう感覚って
ドライトマトのマリネ
でも だったら次に いけばいいだけ なのよね
向こうも プロだから 「変なヤツ」には 慣れてるだろうし
鞍替えされるのも 慣れてるでしょ
Food Menu
いいね
セカンド オピニオンって ヤツよね
それ
思ったんだ
人とそりが 合わないことは 悪いことじゃ なくてさ
そりを無理に 合わせようと 頑張ること
それを 「我慢するもの」 だと思うことが きっとダメだったんだ

自助グループも
自分の意思で
来てて
カウンセリングも
お金払って
来てるだけだから
人に
強制されてる
わけじゃないし
嫌だったら
替えちゃうのは
簡単だし自由
お金でやることって
払う側に
意思決定の自由が
あるわけなのよ
嫌なら
もう次はそこは
やめておけばいい
そしたら
気が楽でしょ?
カンパイ
それで
お金使うのが
大事って
言ったのね
カンパーイ
じゃあ
話せる場にお金を
払うのって——
ご飯屋さんと
一緒やね
口に
合わない
こともある
そー
一緒
いっしょ
食わなきゃ
死ぬのも
いっしょ
話さないと病む。
ジンリッキー
ドライトマトと
オリーブのマリネ

それで人に話すということを繰り返しているうちにさ
今まで恥ずかしくて言えなかったことがだんだん耐性ついてえいやと言えるようになったりしてさ
ちょっとずつあけすけな自分見せるのに抵抗がなくなっていくんだよね
慣れというか鈍化というか
いい意味での？
そう
「あ、正直に話しても失うものないじゃん」
「べつに話しても死なないじゃん」って鈍くて強くなる
そしたらようやくなんで悩んでてどこがつらくて自分がどうしたいと考えてるのか
きちんと目を当てられるようになったかな

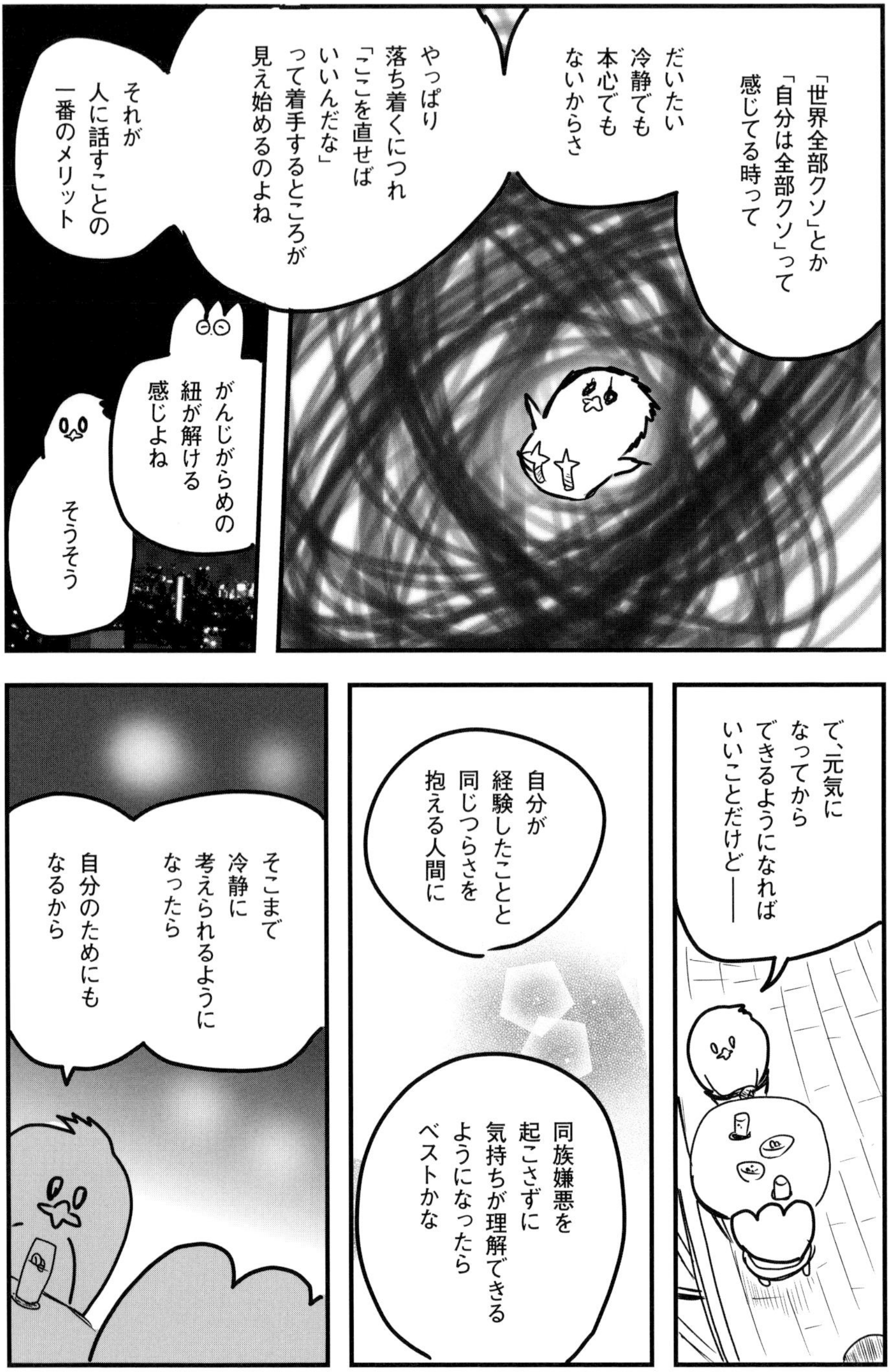
「世界全部クソ」とか「自分は全部クソ」って感じてる時ってだいたい冷静でも本心でもないからさ
やっぱり落ち着くにつれ「ここを直せばいいんだな」って着手するところが見え始めるのよね
それが人に話すことの一番のメリット
がんじがらめの紐が解ける感じよね
そうそう
で、元気になってからできるようになればいいことだけど――
自分が経験したことと同じつらさを抱える人間に
同族嫌悪を起こさずに気持ちが理解できるようになったらベストかな
そこまで冷静に考えられるようになったら自分のためにもなるから

だって
ちゃんと
人に話せるし
人の話を聞けるし
それって
つらさを
手玉に取ったような
もんじゃん？
そうかも
感覚として
ちょうど
手のひら
サイズやね
ス…
そういうわけで
私のつらさ話は
ここまで
ずっと
つらいことについて
語ってても
しんどくなる
だけだし
あとは
しょーもないこと
話して
終電まで飲もう
いいねぇ
じゃあ
今まで頼んだことない
カクテル試そうよ
いいよー
おしまい

つらさを話すための場所やプロを探すことは、気の置けない仲間や親密な家族、恋人がいない人の寂しい選択なのだろうか。

あたいはそうは思わない。どれだけ親密な人がいても話せなかったり、親密だからこそ話せなかったりするのが、つらさだから。


時には、人生において親密な人がいない歳月もあって、そこに寂しさを感じるかもしれないけれど、だからといってそれは間違った人生ではないと思う。


つらさを話すために、わざわざ親密な人間関係を構築する必要はない。

そうした関係がないからといって、焦りや絶望に駆られる必要もない。


プロの場所で、プロが作り出してくれるちょうどいい距離の中で、安心感に浸《ひた》りながら、徐々につらさを話すことに慣れていく。信頼関係を築いていく。そういう形もあっていいと思う。

そのためには、ペンギンさんが言ったように「相手はプロだから変なヤツにも慣れてるだろう」という一種の開き直りや、「プロだから話しても大丈夫だ」という心の開き方は大事だと感じた。

いくらプロと言ってもエスパーじゃないから、話す側も心を開く必要があるのだ。

そして、あたい的には「プロだからこそ友達や家族とは違って、人生の内部まで深く踏み込んでくることはない」という、ちょっとした諦めに近い考え方もありなのかなと感じる。
「カウンセリング終了の時間がくれば、自分の人生にまた一人きりで向き合わなければならない」
そこに一抹の寂しさはあるけれど、でも時間によって区切られることで、先の関係を思って遠慮したりする必要がない状況は、楽な人にとっては楽だろう。

ペンギンさんと話していると、「プロのいる場所に行くことは、つらさを話してもいいという安心を手に入れる手っ取り早いお買い物でもあるんだな」と、改めて考えるきっかけになった。というのも、お金という対価なく、そこまで親密でない誰かに内心を打ち明けようとする時、だいたい次のような流れがあると思う。

「お互いのバックボーンが漠然としていて、相手にどの程度まで話していいか探り探りでたしかめる偵察期間」
↓
「相手に自身のつらさを吐露していいと判断できるまで信頼を築く信用期間」
↓
「相手にだけ負担を与えないように、感謝と返礼をするアフターケア期間」

なかなか簡単ではないステップだ。つらさを語れない人は、内心を打ち明けることで相手との関係性が壊れることを恐れる……いや、恐れるというよりこうした関係性やステップ自体を面倒だと感じる人が、ほとんどかもしれない。

つらさを語るまでの手順や気を使うことが嫌になって、「話さない・真剣な相談はしない・愚痴っても話題を選んで愚痴る」と、他人本位で動いてしまう。それはとてもいい子で、優しい人で、気が回ることなんだろうけれど、他人に弱味を見せない強情な人でもある。あたいもそうだったからわかる。

つらいと言うことはつらい。人に気を使わせてしまうのがしんどい。

言わないと自分は弱っていくのに、他人からは「強いなぁ」と裏腹に思われていく。

そのギャップにまた苦しむ。

けれど、プロの場所は、話すことだけが目的の関係だから、ひとまず「その後」を考えなくてもいい。普段の人間関係のわずらわしさをいったん横に置いて、内心を打ち明けられる。その経験を通じて、「この世界に自分を受け止めてくれる場所なんてない」という絶望感から逃れられる。

実際、「自分のつらさを他人に受け入れてもらう」のはハードルが高いけれど、「受け止められる（否定されない）」という状態や環境は、この世界にわりと存在する。そのことをまだ知らない人にとっては、とっかかりとなる場所が、ペンギンさんが選んだような「話すための場所」なのかもしれないね。

少し話は逸れるけれど、ペンギンさんと一緒に飲んでいた時、たまたま周りが外国の人ばかりで、日本語が聞こえてこなかった。内装の作りが本格的だったこともあって、その日のパブの雰囲気は、まるで海外みたいだった。あたいらの会話は聞こえている人には聞こえていたかもしれないけれど、気分的には誰にも届くことのない喧騒《けんそう》の中に埋没していて気楽だった。

物理的に人と向き合うのは労力やストレスがあるのはわかる。ましてや、一対一で話すのは逃げ場がなくつらいだろう。それがつらいって人は、公園や人の集まる屋外などで話すことを選択肢に入れてもいいのかもしれない。気分的に、だいぶ楽だと思う。

第2話

暑く、むせ返るような日だった。
コンクリートジャングルの
放射熱で、酒と油と食べ物の
香りが立ち込める飲み屋街。

あたいの知り合いには
ゲイやバイやレズビアンや
トランスジェンダーが多いが、

夜の街で生きる彼らは
強《したた》かで魅力的ではあるけれど
その実、脆《もろ》く、弱く、
そして傷ついている人も多い。

強くならざるを得ない
人生で強く
生きてきただけで、
抱えた傷はなくなる
わけじゃない。
みなそれぞれの
傷やトラウマを持っている。

ただし、
夜の街に集う人たちには
共通点があった。

それは、仲間を求めて
その街に足を運んだ
ということ。

「つらさを紛らわせる手段」
として「仲間と過ごす」という
方法を取った人のお話。

花園町親交会
つらさを話す
「安心して話せる場所へ」
コミュニティに出向いた人の話
in 暇なゲイバー
えー ついに俺ももちぎの書籍デビューか～
そうね おめでとう
ちゃんと綺麗に描いてよ?
あ～…忠実に描くわ
さてまず…なんで今回あんたにお願いしたか
今までゲイバーとゲイ風俗を舞台にそこで働くプロ達の考えはエッセイで書いてきたけど
今回は一般ゲイで特にこのテーマに合ってるなって思ったのがあんただったの
テーマ?

※一般ゲイ＝プロ（ゲイ業界従事者）でない人。お客さま。

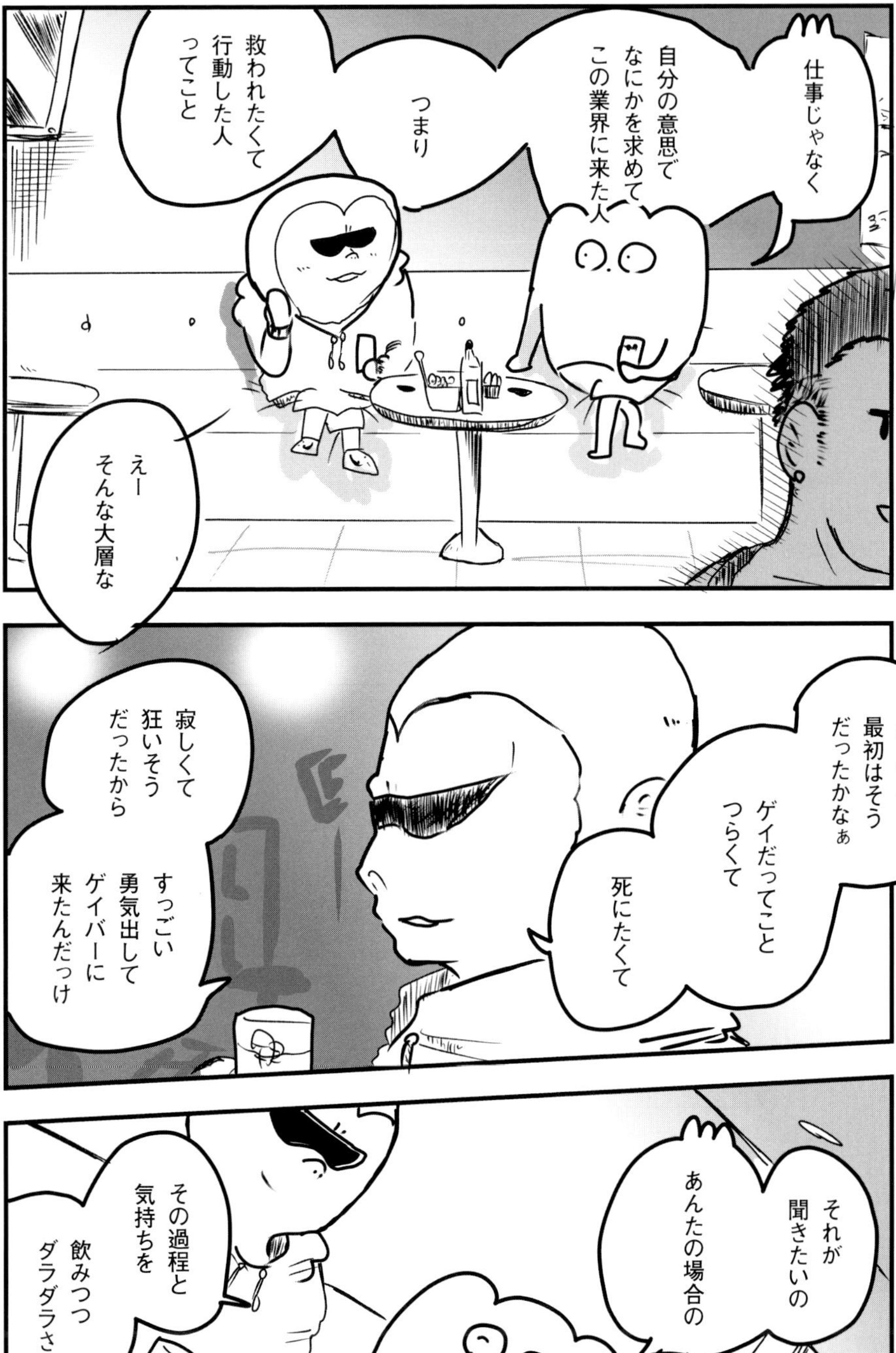
仕事じゃなく
自分の意思でなにかを求めてこの業界に来た人
つまり
救われたくて行動した人ってこと
えー そんな大層な
あーでも最初はそうだったかなぁ
ゲイだってことつらくて
死にたくて
寂しくて狂いそうだったから
すっごい勇気出してゲイバーに来たんだっけ
それが聞きたいの あんたの場合の
その過程と気持ちを
飲みつつダラダラさ

焼酎
紅茶割り♡
チャーム(駄菓子)付き
……今の世の中ってほら
いい時代じゃん？
うん？
「多様性を認め合う社会」で
独身でもぼっちでもさ
好きに一人で生きられる時代だから
でもなんでもかんでも認めてもらえるわけじゃないし？
そうね
一人で生きるのもいろいろ大変だし
うん
ガサ
だがしえらび
ガサ
ゴソ
ゴソ
ラムネ
それに
世間体を気にしなくてもさ
生活のことは嫌でも考えなきゃだから
一人だとやっぱ不安になっちゃって
親が死んだり自分が歳とって老けたら
一人が楽なんて強がり言えなくなって
その時にはもう手遅れなんじゃないかって

なんかね
急に
一人になることが
怖くなったの
というか
一人で
抱えることが
ポリ…
俺も一応
人付き合いは
してるし
家族とは
仲はいいけど
ゲイだとは
誰にも
言ってなかった
からさ
みんなの中に
いても
孤独感
すごかったのよね
で、
ゲイだと
カミングアウト
したかったけど
無理だと思って
どうして?
だって…
今まで
対等だった
関係に
「可哀想」とか
「理解できない」
「理解しなきゃ」
ってノイズが
生まれると
対等じゃ
なくなっちゃう
んだもん

「つらかったら信頼できる人に相談しましょう」
とかみんな言うけどさ
信頼できる相手ほどその関係を失いたくなくて話せないのよね
こういうのって
なんて贅沢な悩みよね
家族や友達がいない人もいるのにさ
それぞれのつらさに
贅沢もふさわしいもないと思うよ
ありがと
そう言うと思った
で、俺はね
そこで思ったの
同じ立場の人間同士なら話せるんじゃないかって

同じ穴の貉《むじな》同士なら
変に気を使ったり
カッコつけたり遠慮したりする必要もないかなー
って打算
打算なんだ
そりゃ打算よ
そう思ってゲイバーにデビューしに来たわけだけど…
でもまぁ思った通りではなかったけどね
同じような立場だからこそ
「そんなことで自分は悩んでない」
「自分は平気だった」
みたいな反応があったりもするし
自分が平気だったからって
他人が平気じゃないのは甘えって考え
ほんと昭和よね
あんたも昭和生まれでしょーが
それはそう(笑)
年齢関係なくあるよね
そういう生存バイアスって

でも俺は 結果 行動して よかったなと 思うの
昔は 人に相談するって ことに対して 意気込み過ぎてたから なかなか 人に話せずに いたし
話すからには 全部打ち明けて 全部受け入れて もらおうと 考えてた節があった
でも 相談って
だいたいは そうは ならないから
浅い関係の 相手に 軽く話したり
浅い関係 だからこそ 全部 話したり
信頼してる からこそ あまり 話さなくても 悩んでる ってことだけは 伝えたり
そうやって

ちょっとずつ切り離して
話すことに慣れてって
「誰か一人に全部話して楽になりたい」
って気持ちから抜け出すこと
それも大事かなって気づけたの
全部共有できて全許容してくれる人なんて
いないしいてもそんなの
ただの依存と負担だもん
これが俺流のつらさとの向かい合い方
そうは言ってももっと歳とったら変わるかもだけど
今はこれでいいかなって
なんか歌う？
そうね…ありがと聞かせてくれて
お礼に一曲うたうわ♡
ボエー
なにも聴かせないで
おしまい

ゴリラさんもペンギンさんと同じく、自ら行動を起こして「話せる場所」に出向いて行った人だ。あたいも彼のような行動派の感覚は理解できる。

今ある関係性の中で全部解決するのではなく、悩みに合わせてそれが解決できる関係を新しく作ったほうがいいこともあるし、そのために行動するほうが楽だって人もいるだろう。というか、周りの人間関係に対して八方塞がりな絶望感を覚えてしまう前に、「どこか、この世界のどこかに、自分が抱えるつらさを話せる相手がいる」と、希望を持って行動していくほうが、とりあえず楽かもしれない。

ただ、ゴリちゃんが言うように「すべてを理解してくれる相手を探そうとしても、そんな相手はいない」という冷めた感覚も、もちろん必要なんだろうけれど。

それにしてもつらさとは不思議なもので、家族には言えないけれど同業者には伝わることがあったり、友達には言えないけれどあんまり深い関係じゃない知り合いには話せることもある。信頼してる人間だからといって話せるわけじゃないというのは、矛盾を孕《はら》んでいるようにも思える。

でも、なんとなく理解できるのは、距離の遠い関係ほどある意味無責任に話せて、それが気楽だということ。そして、近い関係の人だからといってなんでも話すわけじゃないのは、相手への敬意を含んだ責任感だということ。「なんでもかんでも話さないほど信頼してる」ってのは矛盾なく成立することを、あたいは彼との会話の中で思い出した。

少し話は変わるけれど、「自分一人で抱えずに、誰かに相談して」と訴えかけてくれる善良な人や団体も世の中には存在する。けれど、そういう人たちが常にそばにいるわけでもない。彼らからのメッセージが届いたとしても、すぐ手の届くところにいるわけじゃない。人の周りには限られた人しかいない。だから、つらさの渦中にある人にとって「誰かに相談して」という言葉は、「私以外の」という隠れた枕詞《まくらことば》がついているように見えてしまうこともあるだろう。

そして、運よく頼れる人がいたとしても、それですべてが解決するわけじゃない。この本のテーマの根幹でもあるけれど、「頼れる人がいないことがつらいだけじゃなく、いても言えないのがつらい」のだ。

もっと言えば、正直に話したところで、当たり前だけど人それぞれの考えがあるから、いまいち共感されないってこともある。いや、共感されないだけならマシだけど、理解されない時が一番つらいだろう。勇気を出して打ち明けた自分自身の中身を、直接、引っ叩かれるようなものだから。

そう思うと、家族や友人に否定されるより、まだ見知らぬ誰かからの無理解のほうがマシかもしれない。ペンギンさんのように「合わないな」と切り替える思い切りのよさ、ゴリちゃんのように傷ついても「場所を替えるか」と割り切る感じ。あたいは両者ともにその感覚を、冷たさや薄情さや逃げだとは思わず、のらりくらりとした強かさだと思った。石の上にも三年と言うけれど、合わない石の上でケツを痛めるより、その足で動いて去ったほうがケツにも石にも優しいよね。

あと、ゴリちゃんの見た目について。彼は鍛えているのでわりとガッチリしているけど、昔は骨太でゴツゴツした男らしい容姿を「ゴリラ」だと揶揄《からか》われて嫌な思いをしていたという。けれど、ゲイの世界ではいわゆるゴリラのようなガチムチ体型もモテるブランドとして燦然《さんぜん》と輝いていることに衝撃を受けて、ゴリラと呼ばれていた過去の嫌悪を払拭できたそうだ。なので、あたいは彼をゴリラとして描いた。この回の漫画を見て、彼は「やだー！　可愛い！　しかも、わりと似てるかも。嬉しいからSNSのアイコンにしたい」と言っていた。

第3話

夕方、学校帰りの
子どもたち。

親が未就学児を
自転車のチャイルドシートに乗せて、
晩ご飯の香りがする自宅へと
向かっていく。

夕方は家庭を持つ人にとって
子どもとともに帰ったり、
あたたかいご飯が用意されてたり、
あるいは家族が待つ家に帰る
時間だったりする。

だけど夕方から働く人もいれば
一人で暮らす人もいる。

子どもがいない家も
子どもが帰りたくない家も
子どもができない家族もある。

今回つらさについて
話を聞いた人は
いわゆる普通の家庭
ではない人だ。

けれど、普通の家庭に
それぞれ違いがあるように
普通でない家庭にも
それぞれの人生がある。

そんなイヌさんの話に
耳を傾けてみたい。

居酒屋
つらさを話す
「身近な人に話すこと」
家族に打ち明けた人の話
in その人の店

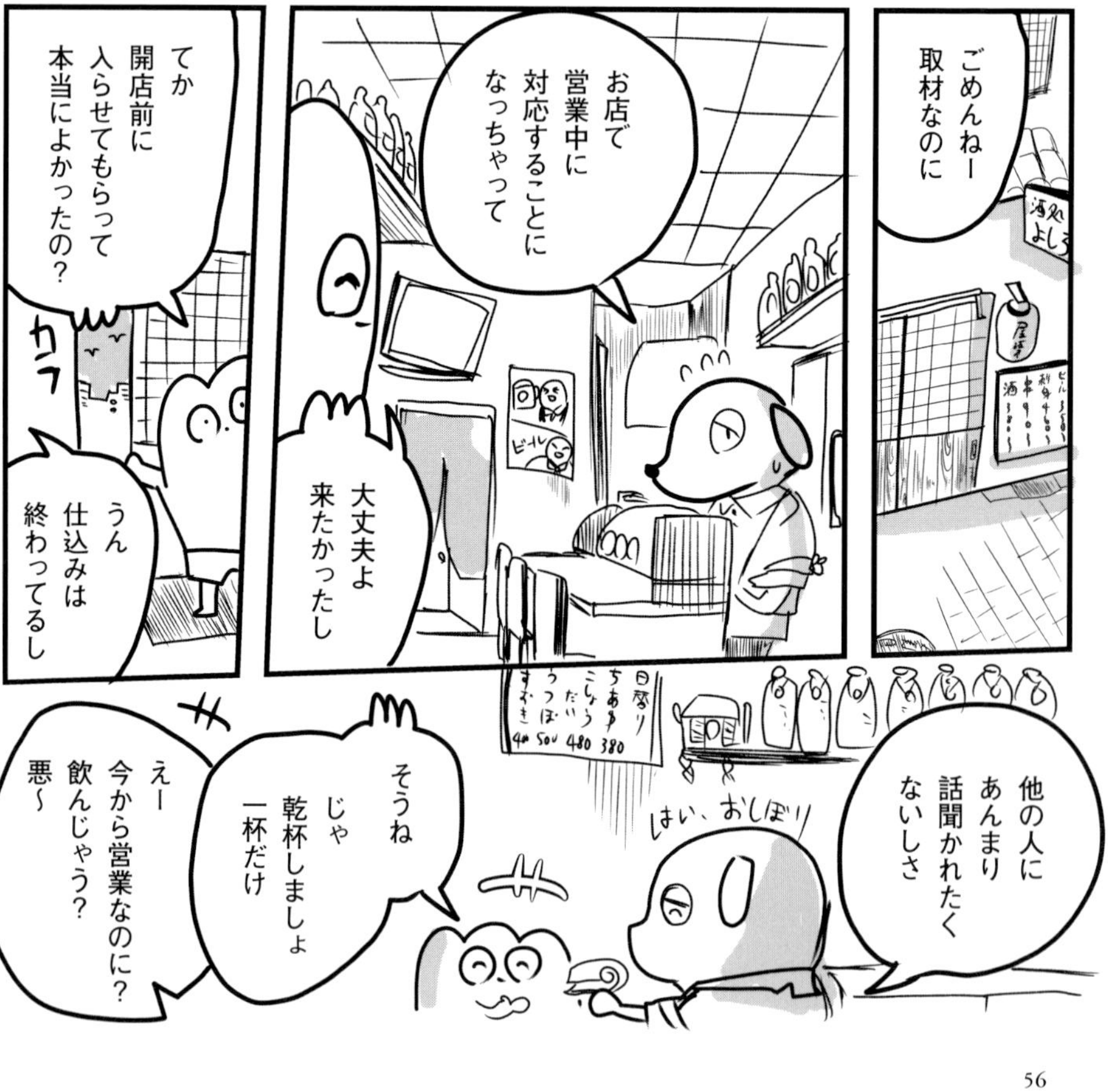
ごめんねー 取材なのに
お店で営業中に対応することになっちゃって
大丈夫よ 来たかったし
てか 開店前に入らせてもらって本当によかったの?
カア
うん 仕込みは終わってるし
他の人にあんまり話聞かれたくないしさ
はい、おしぼり
そうね じゃ 乾杯しましょ 一杯だけ
えー 今から営業なのに? 飲んじゃう? 悪～

さて
えーと なんだっけ
トマチュー
チン☆
ガリチュー
インゲンごまあえ
つらさについて?
そう ざっくりしてて ごめんね
今まで「これは一人じゃ抱えきれない」ってことを どう対処してきたか 誰にどう話してきたのか もしくは話さなかったのか
アニキのエピソードを 聞かせてほしいの
ん―…
そんなに大それた話じゃないけどいい?
アニキ
みんなそれぞれドラマがあるから
人と比べる必要ないよ
ぢゃ…
俺はね… ほんとつい最近になるまで 真剣に悩んだことがなかったんだ

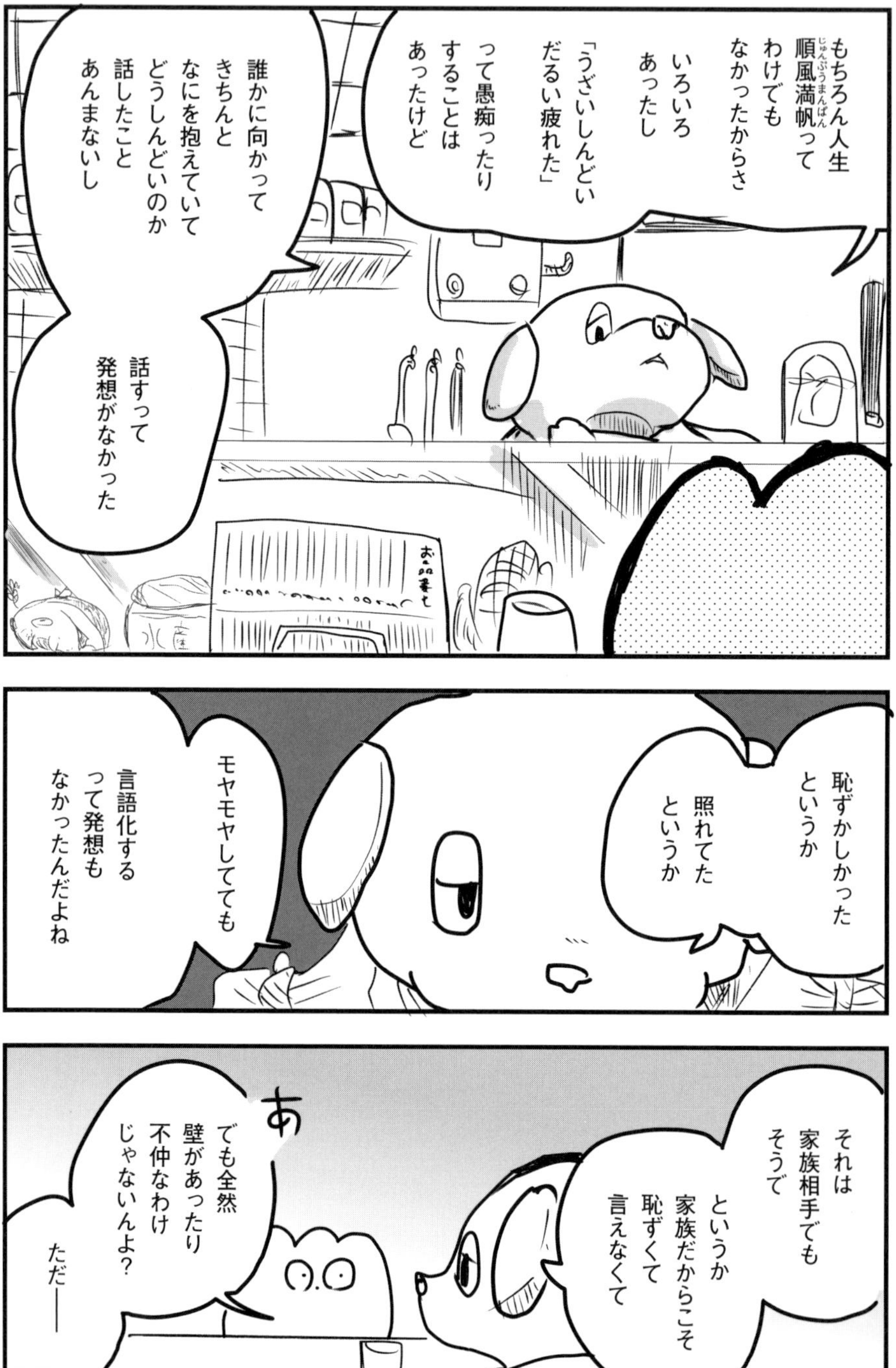
もちろん人生順風満帆《じゅんぷうまんぱん》ってわけでもなかったからさ
いろいろあったし
「うざいしんどいだるい疲れた」って愚痴ったりすることはあったけど
誰かに向かってきちんとなにを抱えていてどうしんどいのか話したことあんまないし
話すって発想がなかった
恥ずかしかったというか
照れてたというか
モヤモヤしてても
言語化するって発想もなかったんだよね
それは家族相手でもそうで
というか家族だからこそ恥ずくて言えなくて
あ
でも全然壁があったり不仲なわけじゃないんよ?
ただ――

なにかを「報告」はしても「相談」はすることがない人生だった…
これって遠慮なのかな？よくわからんけど
カラン
ほんと選択肢になかったんよ
悩みもだいたい自己解決したし
迷ってることや不安事があっても相談するほどじゃないって考えて生きてきた
つーかこう考えると軽く見てきたのは悩みだけじゃなくて家族って関係かもな
あー…
ていうかぶつかりたくなかったんだな今わかった
冷めてはないけどドラマみたいにガツガツぶつかったこともなかった
家族とぶつかったら逃げ場がないからやんわり避けてたのかもしれん

…てか
俺なんか
語りすぎじゃね？
大丈夫そ？
こんな話で
大丈夫よ
あたいは
共感もするし
理解
してるから
…なんか
大人になってから
もう一杯
のむか！
こういう風に
話すのって
酒なしじゃ
無理だし
飲んで
語っても
恥ずいだけで
茶化しあって
終わりだけど
でも
いいよな
語るっていいな
わかるよ
あたいも
深夜に
YouTubeとかで
3時間くらい
語る時あるし
一人で？
カンパーイ♥
レモチュー
一人で
飲みながら
それは
強過ぎだろ…

でも
アニキも
あったんでしょ？
ちゃんと
語るタイミングが
まぁそうね
あったよ
結婚のことで
親に話す時
どうしても
避けられない
ことが
もっちー
知ってると
思うけど
俺の妻は
うん
——元男の
トランスジェンダー
だからさ
迷ったよ
結婚したいけど
親に言って
いいのかどうか
言わずに
黙って結婚
することは？
元男だと
黙って結婚だけ
報告すれば
子どもは
どうするとか
聞かれるんじゃ？
そのたびに
誤魔化すのか？
ずっと
誤魔化すのか？
でもそれって
妻にも親にも
不誠実じゃ？
話して親に
理解して
もらえるのか？

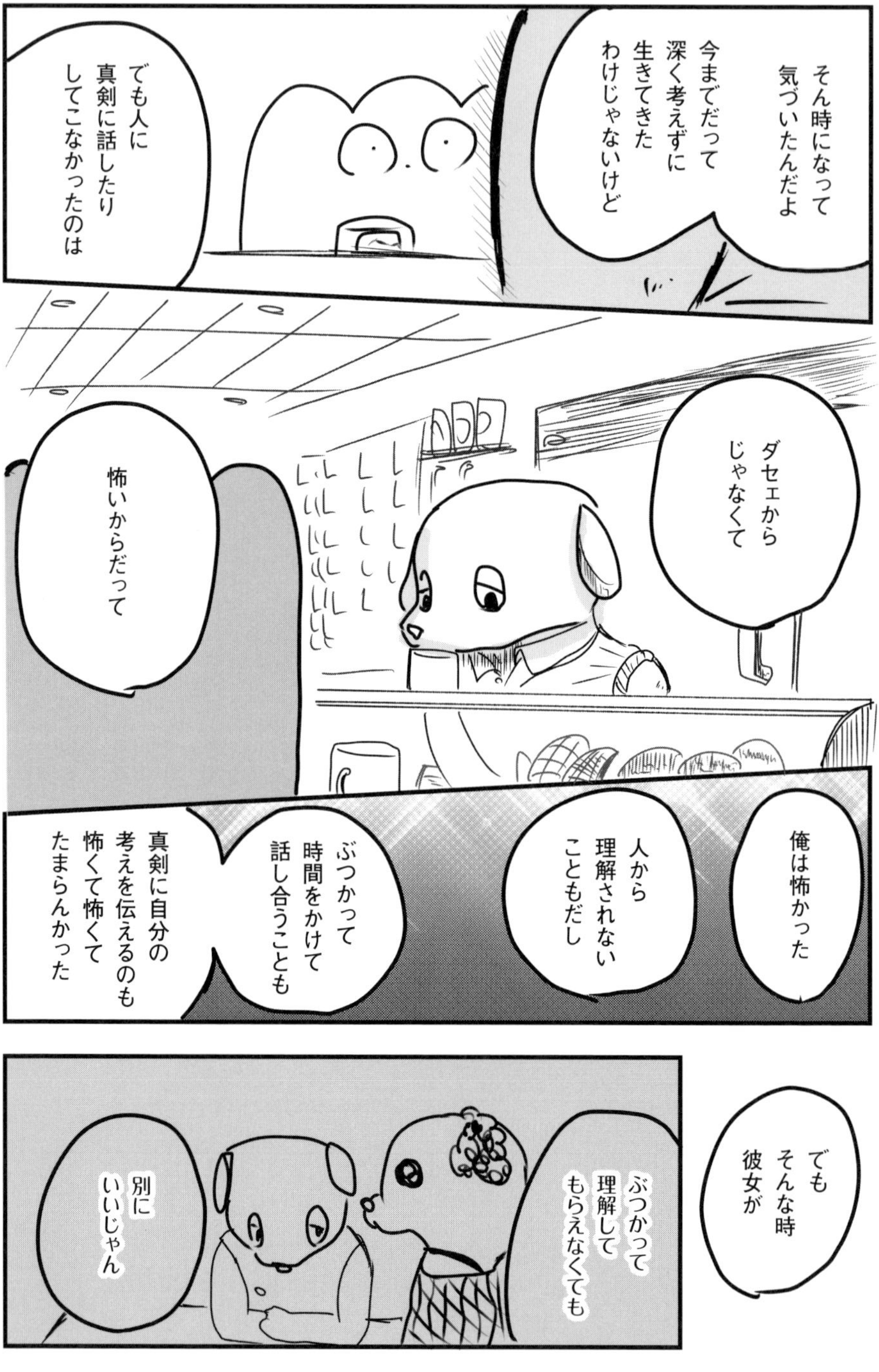
そん時になって気づいたんだよ
今までだって深く考えずに生きてきたわけじゃないけど
でも人に真剣に話したりしてこなかったのは
ダセェからじゃなくて
怖いからだって
俺は怖かった
人から理解されないこともだし
ぶつかって時間をかけて話し合うことも
真剣に自分の考えを伝えるのも怖くて怖くてたまらんかった
でもそんな時彼女が
ぶつかって理解してもらえなくても
別にいいじゃん

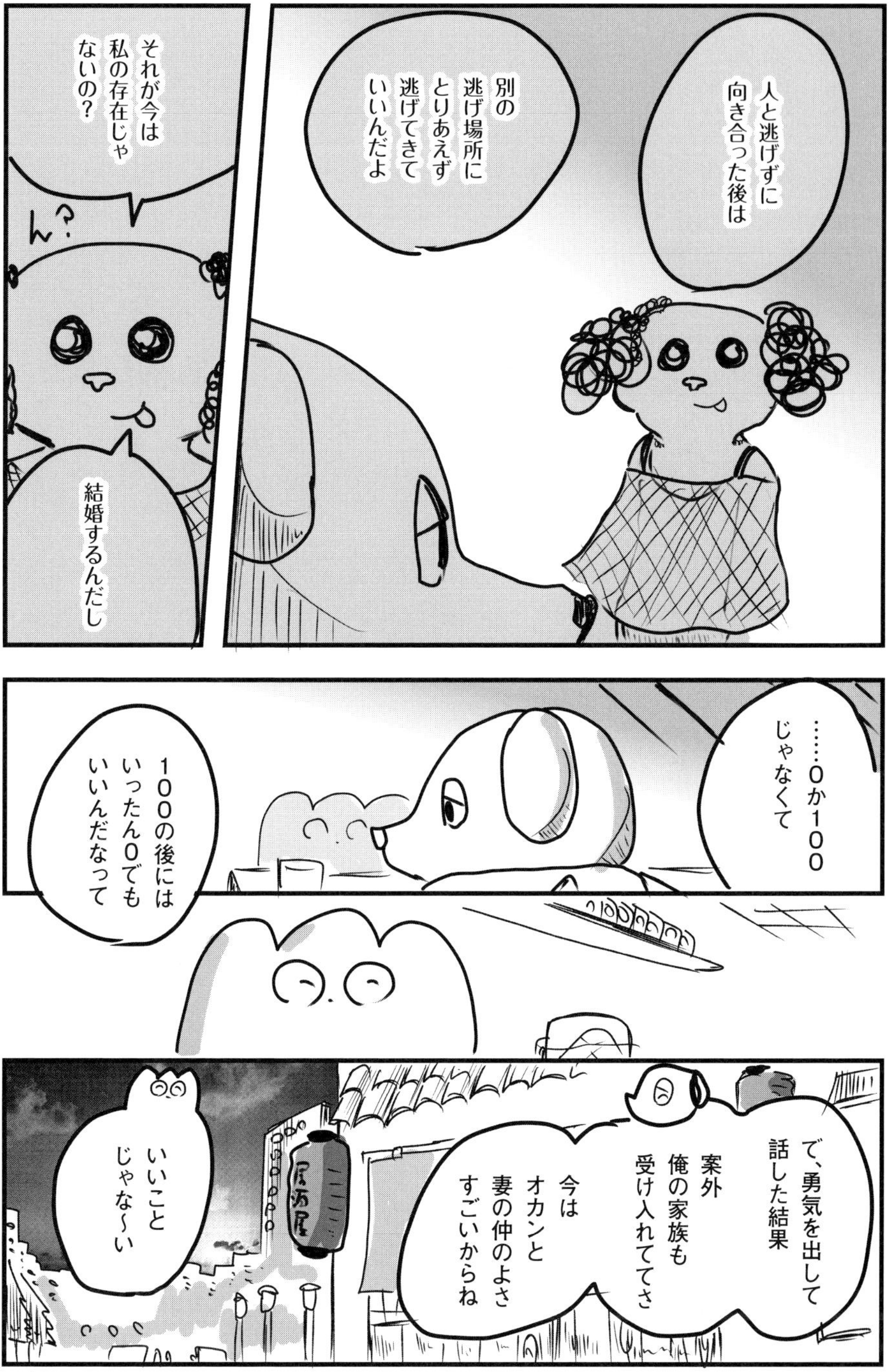
人と逃げずに向き合った後は
別の逃げ場所にとりあえず逃げてきていいんだよ
それが今は私の存在じゃないの？
ん？
結婚するんだし
……0か100じゃなくて
100の後にはいったん0でもいいんだなって
で、勇気を出して話した結果 案外俺の家族も受け入れててさ 今はオカンと妻の仲のよさすごいからね
居酒屋
いいことじゃな〜い

おしまい

つらさを抱えている時に、そのつらさに輪をかけるように新しいつらさが生まれることがある。それは、「信頼してる人に理解されなかったら」という恐怖。そして、無理解が待ち受けているかもしれない未来への絶望。もしもつらさを打ち明けることで後悔するような事態になったら——二度と元通りには戻れなくなるかもしれない。立ち直れなくなるかもしれない。そうした恐怖や絶望が、人をつらさの現状維持に押し込む。

ここまでつらさをどう話すかばかり取り上げてきたけれど、つらさを話すだけが正解じゃない。イヌさんの話を聞いていた時に、あたいはそう感じた。あたいも今までゲイ風俗やゲイバーで働いていた時、カミングアウトが上手くいかない例を見てきた。地元に足を踏み入れられなくなった人もいた。というか、あたい自身が母親に勘当されたり、ゲイだとバレて会社で浮く原因になったりしたのだから、自分の本当が他人に伝わることにはリスクがあると痛いほど知っている。

でも、それでも——話したいという感情を押し潰せないことがあるのも人間だ。

そして、「後悔するなら、話してから後悔したい」と考える人は、やっぱりどれだけつらくても、自分ではない誰かに本心を伝えることのほうが得られるものが大きいと思う。

でも、話すとしても自暴自棄にならずに、どこまでも強かに。イヌさんと話していると、あたいはそういう心がけを思い出した。

話すことはつらい。だけど悲観して「どうせ無理だ」「強く拒絶されるに違いない」とマイナスな想像ばかりをせずに、あるいは「自分の場合は、上手くいくだろう」とプラスにも考え過ぎずに（まぁ、そういう大胆さも時には必要だけれど）。

話した時の相手の反応を考えながら、「もしも相手が無理解を示して強く拒否反応を見せたとしたら、じゃあどうするか」ってアフターケアまで考えて行動することが、心の保険になって勇気に繋がるかもしれない。

考えなしにがむしゃらにやることを、勇気とは呼ばないし。

悩みを打ち明けた時、相手も人間なので混乱したり、向き合わずに逃げ出したり、当惑して受け入れてくれないことも、ままある。

そういう時に必要なのは「理解してもらえない」と諦めると同時に、「〝今はまだ〟理解してもらえないだけかもしれない」と、いったん静観して〝待つ〟心持ちだったりする。自分自身が長い時間をかけて抱えてきたつらさなら尚更、他者にとってそれを消化する時間と猶予《ゆうよ》が必要になるはずだから。

「相手がこちらの悩みを受け止めてくれるには時間やキッカケが必要だろうから、今すぐに性急に受け止めてもらおうとは思わない」

そういう長い目で見守っていくこと。そして、イヌさんのように「100受け入れてもらえなくても」という割り切りを持ったり、話した後は戻ることのできるセーフティな関係があることも、誰かにつらさを話すための下準備の一つなのだと感じた。

下準備といえば、彼の店にはさまざまなメニューのアテやご飯がほぼ毎日、日替わりで何十種類も用意してある。下準備だけで昼間から、あるいは前日から着手することも多いと話していた。そのおかげか、どの料理も格別に美味しい。手軽に食べられるインスタントも開発に時間をかけているし、さっと出されたプロの料理も手が込んでいる、そう思うと、美味しいものは必ず手がかかるのかもしれない。料理も、誰かと話して心を通わせることも。

第4話

夜の街には
さまざまな人間が入り交じる。

土地柄や店の敷居や空気感で
ある程度は客層が
固定化するけれども、
時に普段関わることのない
立場の人とも
越境した交流が生まれる。

コウモリのモリさんは
世間的にいわゆるエリートだろう。
日本一の最高学府を出て、
キャリア組の公務員になり、
今は民間企業の役職に就く人だ。

「大学で講演をしたりして
飲み代を稼いでいる」
なんてことも言っていた。

じゃあ、エリートは
悩まないのか？
エリートの悩みは高尚《こうしょう》で
理解できないものなのか？

そんなわけがない。
エリートも人間で、
そういった無理解の壁こそが、
他人のつらさを隅に追いやる。

酒場だから聞ける、
普段は交わらない人の
つらさのお話。

つらさを話す
「愚痴を話しても無駄だと思うなら」
いろんな人に愚痴ってもスッキリしなかった人の話
inカラオケスナック
10CC
出窓
ZUCCA
おでん
FLAPPER

ドゥーン
♪~
ドゥン
ねぇ モリさんってさ
いつも黙々とお酒飲むけどさ
つらい時って愚痴ったりしないの?
モリさん ♂
なんだ その質問…
ドゥン
次の本のテーマなのよ
長年の飲み仲間なんだから教えなさいよ~
俺だって愚痴るよ
でもいたずらにただ愚痴っても
徒労《とろう》に終わることが多いからな

たとえば 俺が 「仕事がつらい」 と話すとする
ドゥン ドゥン
♪ー
そしたら お前は どう返す？
えー… そうなんだ… って返す
おん
続きがあるなら 黙って聞くし
愚痴るの 遠慮して そうなら 何かしらの 質問するかな…
ハイボールとスナック菓子
お前… いいヤツだ…
トゥーン
やだ… なんなのよ
でも 実際のところ そんな風に 話を聞いて もらえるのは 稀《まれ》でな…
大概《たいがい》の場合は こういう パターンで はたき落される

「じゃあ
転職すれば?」
はい、終わり。
アドバイス風
談論拒否
「俺が若い頃は
もっと
つらかった」
話題奪い取り型
非共感
「もっと
しんどいヤツは
いるぞ? お前は
マシだって」
否定型の
意見封殺
「あっそ…
で? なに?」
シンプルに
無関心タイプ
これに
対して
俺的に
感じたことは
こうだった
基本は
その人の
〝心の機微〟に
興味が無い
「言葉」より「行動」派もいる。
他人のつらさ
によって
自分のつらさが
軽視されたと
感じるタイプ
マウント
うばわれたくない!
想像力が
ないタイプ
「苦労」の〝正解の型〟が
本人の中にあるタイプ
(笑)
今まで
「人の愚痴を聞く」
ことを経験して
こなかった人
もしくはシンプルに
つかれてる。

なんかちょっとわかるかも

だからみんな人に話すのが億劫《おっくう》になっていくのよね
そうだな…

でも仕方ないんだよ
コミュ力って「上手く話すこと」だと教わる社会じゃ人の話を聞く訓練ってすることないし

聞き上手だってただ黙って聞くことだとみんな思ってるだろ?
だから俺も仕方ないと思ったんだよ
本当の聞き上手なんて滅多《めった》にいないのだから
むやみやたらに誰かに話してもしょうがないって……
それでもこうも考えたんだ
これって俺が勝手に「こう聞いて欲しい」って期待して会話を始めたから
思った通りの反応が来なくてガッカリしたんじゃないかって

俺はただ「こういうことがあった」と報告して「しんどさを共有したい」のが目的だったけど…
相手はそんなこと知らないし宙ぶらりんで話を聞くことになるから
「それを聞いてこっちはどうすればいいの？」ってヤキモキしたんだと思う
だから「アドバイスがほしいのか？」「自分の意見や感想がほしいのか？」
齟齬《そご》があったから だからイライラする結果になったということね
…そういうことになる
なので俺は愚痴の吐き方に理論を持ち込むことにした…
おお…なんかモリさんらしい

①まず相手が元気かどうかそれとなく伺う
意外と忘れがちだけど大事よね
ちょっといいか？
元気？
土曜ヒマ？
③愚痴を話す前に目的も伝える
率直な意見が聞きたい。
普遍的なアドバイスがほしいのか
その人の感想が聞きたいのか
②元気そうなら食事や飲み物を用意する
なんで？
話だけに集中させたら相手にストレスが溜まるから…
手持ち無沙汰《ぶさた》解消でもある…
④それから話し始める 話し終えたら感謝を伝える
Thank you!!
以上…
こうすることで少なくとも互いに着地点が共有できるから
相手も余裕を持って気楽に聞くことができる
目的
話す 言いたい。
目的
聞く・答える。
ぐち

たしかに理に適《かな》ってるというか
ガイドライン的で正しいけど
でも…
うん…そう…
つらい時にそんな冷静に相手がどう思うかなんて考えてたら
話さないほうが楽だし正解なんじゃないか?ってなっちゃって
愚痴らずに抱え込んで潰れるな…
でも踏ん張るしかないんだよ…
なんにもしないまま自分の望みが叶うことを期待するより
ちょっとでも理想通りになるように動いたほうが
楽だし希望があるんだよ…
月 どんなときも…

とどのつまり
しんどい時こそ自分を守ってやれるのは
自分のあり方だと俺は思っていて…
考えなしにただ口を開けて待つ雛鳥《ひなどり》のようななにかに期待だけするあり方は
自分を守ってやれない
と考えたわけ
…です
…以上
参考になれば
なったよ
話してくれてありがと
にしてもしっかりしてるなとは思ってたけど
こんなに理路整然《りろせいぜん》と説明できるのはすごいよ
職業病でな…
それより印税出たらビールくらいは奢《おご》れよ？
しっかり者だなぁ…

おしまい

「宙ぶらりんで話し始めると、向こうにもストレスを与えてしまう」
そう話したのは、普段は饒舌《じょうぜつ》に話さないモリさんだった。話してくれたのは機嫌がいいからじゃなく、あたいが彼の意見や説明を求めたから、それに付き合ってくれたのであった。

いつも捉えどころなく宙に浮いたコウモリのようなモリさんも、その実、案外堅実で、内に秘めた思いは石のように固く、考えは海のように深い。当たり前だけど、寡黙《かもく》な人を前にしてうっかり忘れがちなことだ。この社会ではよく喋る（意見を発信する）人ほどたくさん物事を考えていて、沈思黙考《ちんしもっこう》な人は消極的で考えのない人に見られがちでもある。黙ってるからって、何も考えてないわけじゃないのにね。

今回の話は、つらさを語るにあたっての強かさと心がけが大筋のハック（取り組み方）だった。ただ、モリさんはそれを他人への配慮からだけじゃなく、話すことで生まれるモヤモヤに自分自身も悩まされないように、着実にそれを解体するための丁寧な取り組み方に昇華しているとあたいは感じた。

モリさん自身も、「下手な鉄砲も数撃ちゃ当たる」の精神で誰彼ともなく自分を吐き出して無駄に疲弊するより、コミュニケーションの確実性を高めるために「考えて話す」という選択をしているのだと思う。

第1話、第2話では、「合わないなら場所を替えることも大事」という行動派の意見があったけれど、それにはもちろん労力や金銭も必要だし、物理的・時間的に限りがあるのは間違いない。

そういう意味では、モリさんの考えはまた少し違ったアプローチでもあり、そしてあたい的には、話すということの基礎でもあると思った。だから案外、自分に合った形を見つけるためにいろんな人や場所を試せばいいという姿勢で生きながらも、ひとつひとつの打ち明け方に丁寧さを持つことは、両立するし、どちらも欠かせないのかもしれない。

ただ、モリさんもなにがなんでも無駄なことを省く効率主義ってわけでもない。なぜなら、だいたいの愚痴は話したところで解決はしない、ってことをモリさん自身も気づいているだろうから。

でも、話を聞いてもらうことで、愚痴の原因に前向きな姿勢で立ち向かうことができたり、いい意味で諦めを持つことができる。話すことそれ自体に意味がある。きっとモリさんの冷静なその目にも、そのあたたかさは見えていることだろう。

つらさを「書く」

第5話

「ネットがある時代に
生まれた若者はいいね」

そうは言われるけれど
ネットにも功罪がある。

ネットはその良さを
かき消すほど、人の弱さや苦しみを
浮き彫りにもしただろう。

あたいたちは青春時代を
ネットの黎明期《れいめいき》とともに過ごし、
二十代はネットの急激な普及と
生活との密接化を目の当たりにしてきた
過渡期の世代だ。

もはやネットは
インフラと化した。
きっと今後も人間の
拡張された現実として
当たり前に利用されていく。

そんなネットを
心の拠《よ》り所として
活用することは
可能なのだろうか？

あたい達の
「つらさと
ネットの共生」を
ぜひ飲み会に参加した
みたいな気分で
読み進めてほしい。

つらさを書く
「ネットやSNSに気持ちを書くこと」
ネットに広がるさまざまな媒体と居場所について
inミックスバー

というわけであたいの旧知の友人です
ノンケ女フェミニストでーす
ゲイで美容関連の仕事就いてまーす
←彼氏は美容師♡
では乾杯でーす
安い焼酎でーす
ぼったくりのビールでーす
ミックスバーのママ
そこまで紹介しなくていいから
今回は「つらさを打ち明けるってリアルの場所だけじゃなくね？」ってことで
ネットが大好きなあんたらを呼んであげたわけですが
なんかバカにしてね？こいつ

ネットに愚痴を書くというとなんとなく
「悪口や嫌なことばかりぐちぐちと書く」とか「ますます暗い気持ちになるダメなこと」と受け取られがちだけど…
あたいとしてはネットって今やインフラみたいなものだし
たとえばあたいがSNSから作家デビューできたり
ゲイ同士で気軽に繋がって出会ったりできたりとか
昔じゃ考えられないすごくいい側面もあると思うの
というわけであんたらの「ネット使っててよかったな～」って話とか
こうやって使えばネットは人を生かすってエピソードを聞かせてもらえれば
改めて聞かれると難しいな…

私は わかるよ〜 ネットの いいところ
おっ たとえば？
やっぱり ネットって 広いからさ
同じ境遇の 同志が見つかる ことかなぁ
まったく一緒 じゃなくても 近いヤツは必ず 見つかる気がする
たとえば 私の場合 地方の女の 生きづらさとか
若い頃から 母予備軍 みたいな扱い される地域の キモさとか
この町まぢムリ♡
出産《あとつぎ》
結婚
花嫁修行
行き遅れるな
男を立てろ
あとは 彼氏からDV されてたこととか…
そういうので 昔はいろいろ 病みまくってさー
相談しようにも 身近な人間は 案外それを疑問に 思ってなかったり
話しても ピンと 来てなかったり するしさ
この地域 おかしいよ 女の地位
え―… フツ― じゃね？
なにより 距離が近い ってことも ノイズになって 全部ぶっちゃけ づらいけど
ネットの場合 同じ物事に対して 「これが嫌だ」 って感じる
アンテナが近い 人間が見つかる というか？
うわぁぁ めっちゃ 共感
私の悩みやつらさを ちゃんと向こうも 実感してるからこそ 共感してくれる感じ？

そのおかげで自分のつらさが思い込みや反抗期とかじゃなくて
ちゃんと周りに原因があるって確信して家を出られた
呪縛を解くための支えにはなったかなー
あー…たしかにわかるかも…
そういう点ではもっちーもそうだよね
うん
あたいも実家を脱出する際はネットで家出先を探したからね
つきだしおでん
それに出会い方はまぁ…よくはない方法だったけど
16の時家計のために売春(サポ)してたコト…
結果ネットのおかげで世界には自分以外にもゲイがいるって知られて
それで希望を持って生き延びれたところはある
使い方次第では危ないことにも繋がってただろうし
褒められたことじゃないかもしれないけど
でもネットの救済ってそんなものよね
ガパァ…
ねー

ただ
ネットで同志を
見つけるって
大変なんだよなぁ…
俺も
いろんなSNS
使ってきたけど
なんか同じ
悩みとかしんどさ
抱えてる人間同士で
マウント取り合ったり
不幸自慢大会
みたいな
不毛なやり取りが
あったり
あー…
あるある
それで
いつのまにか
派閥みたいに
なったりして
リアルの
人間関係と
変わらなくなって
嫌になったことあるわ
せっかくの
ネット空間
なのに
誰かの聞き役に
徹するように
なっちゃう
タイプでしょ
あんた
それ!
だからね
俺はSNSは
リアルの延長線上
として使って
別にブログや
掲示板で
発散するように
してんの
言っちゃった♡
え?
ブログ
やってたん?
アタシも
知らないわ
私にも
教えてくれない
んだよコイツ
だって
リア友に教えたら
俺の城が
なくなっちゃう!

ほら…俺の場合愚痴はさ
お前ら友達とか彼氏と家族とも関係が良好だから気兼《きが》ねなく話せてるんだけど
やだ照れる
感謝しな私達に
でも愚痴ってしんどさをダラダラと口にするだけじゃん？
それである程度スッキリはするけど…
俺めんどうな性格してるから臭いものに蓋《ふた》だけだと
心のモヤモヤが残り続けてしんどくなるんだ
だからちゃんと言語化したくて
それでブログとか
あとは私小説的な創作とかも始めたわけ
はえ〜…まじで意外…
？
でもな…
決して俺の意見で喧嘩とか論争したりされたくないし
なんなら評価もされたくないのね!?
わがままさんね…

もちぎは世間に向けて意見を届けて反応を期待するタイプじゃん？
世間
世論
SNS
まぁそのためにSNS始めたからね
でも俺は消化するためだけに書いてるから
スッキリ〜
評価されたくないのぉ！
じゃあ日記とか非公開のアカウントに書けばいいんじゃないの？
違うのぉ！
自分の内心を人から偉そうに評価はされたくないけど…
でも反応はされたいし…
共感されたら泣いて喜ぶ…
グッ
…
欲張り…
人ってほんと愚かよね…
わかるけどムズいよね
ほしい反応だけほしいってなかなか叶わんし
そうだね…まぁ変なヤツが来てもリアルと違ってブロックすりゃ終わりなんだけどね

——つまり
結局
ネットも
使いどころと
用法容量よね
んー？
同志を
見つけよう
としても
なんか違うな？
って人とも
絶対に出くわすし
あと同じ意見に
囲まれるうちに
考え方が極端に
なることもあるしね
それで
共倒れ的に
病むこともある
あるある
誰かと一緒に
グズグズに
なっていくのは
リアルと一緒よね
気をつけなきゃ
それにネットでも
人間関係や
マウンティングの
わずらわしさは
あるものだし
しんどい反応もある
まー
本当に
誰にも見せずに
こっそり書くなら
ともかく
誰かに
反応されるのを
期待してりゃ
嫌な反応も
そりゃ
避けられないよな
頭では
わかってても
難しいとこよね
つまり
ネットは
世界を広げて
くれる
同じ世界観を
持つ人と人を
繋げてもくれる
だけど
一方で自分にとって
都合のいい意見だけを
固めていって
世界が狭まることもある

それでも ネットに 書くことって 大事なんだね
あたいら みたいに リアルを支える 世界になって くれたり
リアルを 生き延びるための 道具になっても くれるわけじゃない
もちろん 必要のない 人もいるかも しれないけど
少なくとも 役に立つ人には 役に立つから
カラン…
ネットに 書くって意味を 改めて 本で伝えられたら いいなって思ったわ
つまりネットは インフラであり 共同体なんだなって…
言い過ぎ じゃね？
ママみたいに 全然ネットで 発散しない タイプもいるんだし
う～ん たしかにアタシは 自分では 書かないけど
人の愚痴とか きっつい意見に いいねしたり するのは スッキリするから 好きよ？
あー わかるかも！

自分の抱えてるモヤモヤを上手く言語化してくれてるのを見ると
「代弁してくれた！」ってスッキリ感と
「同じことを思ってる人がいる！」っていう心強さがある！
これよこれってなるよね～
そういう意味では自分で言葉にしづらくても
自分の気持ちを言葉で改めて見つけることができる場所なのかもねネットは
読書や映画鑑賞と一緒で
ちなみにアタシこの前もちぎのツイートで共感しまくっていいね押したよ
えーやだ～
どれどれ？
「大人になってからうんこ漏らしたことある人は優しくて心が強い」
代弁っていうか大便の話やね…
上手くねぇよ

おしまい

SNSもネットも使い方次第で毒にも薬にもなる、ってあたいが言わんくても周知の事実だよネ!? あたいの場合、ネットによって劇的に人生が変わった(同じゲイと会うことができた。ゲイの世界に来ることができた。なんなら作家デビューもした)けれど、劇的じゃなくても、急激じゃなくても、ネットによっておだやかに人の人生が変わっていくこともある。それこそ漢方薬のようにじわじわと体質や考え方が変わっていくこともあれば、長期間服用するうちに刺激に慣れ過ぎて弊害が生まれることもある。

あたいの友人2人も、さらっとエピソードを紹介したけれど、ネットによっていろんなことを経験している。それこそ、つらさを吐き出すために始めたはずが、新しいつらさを生んでしまう悲劇もあったろう。ネットといっても画面の先には必ず人がいるから、対人のいざこざやわずらわしさからは逃れられない。

「画面越しだからこそ、人がいる感覚を忘れて話しやすい」というメリットは、同時に「だからこそ、相手がいることを忘れてつい過激化してしまう」というデメリットも内包している。

今回紹介した彼ら以外にも、たくさんの人にSNSやネットとの付き合い方とエピソードを聞いてきた。つらさ全部をSNSで解決しようとするのではなく、内容によって吐き出すアカウントや場所を使い分けていたり、単なる連絡先のようにリアルでの繋がりのための足がかりにする人(「つらいから飲みたい」など投稿して、都合のつく友達がいれば直接の連絡を待つというような使い方をする）もいれば、ネットでのみ本音を吐くことができて、そのおかげで実生活でのつらさに立ち向かって生きられる人もいる。

そんな風に生きるためにネットを上手いこと活用している人は多いけれど、みんなそこまで意気込んだり考えてやっているわけじゃなく、快適な距離感をいつの間にか見つけ出している感じだ。ネットの気楽さは、直接の対人関係と違って割とやり直しが利いたり、距離感を調整しやすいところにあるのかもしれない。

その一方で、話を聞いている限り、多くの人に共通するネットの危険性は「感情のヒートアップ」だった。それこそ、自分自身で愚痴を書き連ねているうちに抑えきれなくなったり、同じような意見を持つ者同士で盛り上がり過ぎてハメを外したり、リアルではやらないような論争や罵詈雑言《ばりぞうごん》大会を見知らぬ誰かと開催したり。

あたいも経験があるけれど、およそ実生活では見ないような非情な言葉を投げかけられることもある（炎上やアンチ、ネットリンチや粘着行為、嫌がらせやクソリプというものも、リアルの井戸端会議や陰口というものの範疇を超えて、冷静に考えると常軌を逸した行為だ）。

だから時には、ネットの持つ本来の気楽さを思い出して、アカウントごと消してしまったり、SNSを見ないように放置したり、ネットで繋がっている人と実生活で会って話すことも必要かもしれない。

あたいの場合は、散歩して街を眺めたり、本を手に取ってパラパラめくったり、いくつかの詩を読んで映画を見たり友達と会ったりして、自分の手の届く範囲の世界の狭さとゆるやかさに浸ってつらさを緩和する。

見えないものも見たくないものも見えてしまうのがネットだし、そこから目を背けることに罪悪感とかあんまり覚えなくていいんじゃない？って思ってる。だって、つらさに向き合うことは義務じゃないから。気が向けばやればいい。

第６話

あたいのエッセイを読んで「救われた」と
言ってくれる人もいるけれど、

あたいは「自分自身が一番救われたんだよ」と
思っている。

人が救われるのは副次的な効果で、

書くことによって
もっとも救われるのは
書き手自身だ。

それがあたいの持論。

でも、書くとは
なにも物語を紡いだり
発信することだけじゃない。

「暮らしを取り上げること」
「つらいという感情に
名前を与えること」
「モヤモヤの輪郭《りんかく》を
文字で浮き彫りにすること」

メモ帳とペン一つあれば
あるいはスマホやパソコンでもいい
それさえあれば誰にでも
その可能性はひらかれている。

今回は作家ではなく
ただの飲み屋の店主の
「書く」という営みにまつわる
言葉を届けたい。

つらさを書く
「つらさを書き残す意味」
誰にも見せない形で気持ちを書くこと
in こぢんまりとしたバー

いやぁ…まさか自分がインタビューされるなんて…
お恥ずかしい
ヘビさんは前々から取材したいなって思ってたの
オリジナルモヒート♥
今日はありがとね
みょうがモヒート
ヘビさんはあたいのゲイ友のお兄さんでめちゃくちゃゲイにモテるけど人間に興味がない酒飲みのお兄さんです
へへっ…2次元サイコーですよ…
いまだに萌え～とか言っちゃいますよ自分は…へへ…
それ逆に一周回っておしゃれやん？

とりあえず
「つらいと人に言うのがつらい」という
生きづらさについてのテーマなんだけど
工夫して人に話す人もいれば
話せる場所に行ったりそんな場所を作ったりする人もいるし
人と話さないって選択をする人もいたりするわけ
うん
ヘビさん的にはどう？
人に上手く相談ごとや愚痴ったりできてる？
う〜ん…？どうだろう
俺ねぇ実は
あんまり悩まないんだよねぇ〜
あ〜でも習慣にしてることがあって
なぁに？
嫌なことやつらいことがあった時は
ちゃんと書き残すってことかな
日記みたいな感覚で

それこそ こう見えて 俺けっこー マメでね
旅行やバイクの 記録とか 取るの好き なんだけど…
同じような 感覚で SNSでも ひとこと日記を 書いてて…
はぇ～ これ鍵垢《かぎあか》？
うん 人には絶対に 見せないヤツ～
たとえば 「今日は○○を 届けるのを忘れた。 面倒で後回しにする 癖をいつまで続けるのだ。 俺は」とか
「俺だって 一度は太りたい」とか
「モテないのが 嫌なのではない。 モテないことで 人から怪訝《けげん》に思われる ことが嫌なのだ。 独身は罪ではない」 なんて書いてる
これくらい 短文で日記とか その時の感情を つらつらと
書いてて楽しいよ
めっちゃ いいコピーやな どれも…
それで これをデータ化して いつでも日付や キーワードで 見返せるように してるの～
マメすぎて ひくよね… へへへ…
キーワード
日付
すごい じゃない！
そしたら いつでも 見返せるから 便利やね

あたいも水商売の時 日記とか お客様手帳を 作って 管理してたけど
手帳
日記(ウソ)
アナログだと 見返すのは 簡単だけど 情報の抽出が できないし
スマホの メモ機能じゃ 詳細な検索 できなくて 困ったのよね
そうだよね〜
それに… 書いて スッキリする ことが目的なら それでいいけど
せっかく 書いたものなら 見返したほうが 役立つわよね
!
そうそう!
「書いて見返す」「振り返って 考える」
それって 大事だと 思うんだよねぇ
もちろん 見たくないこと 思い出したく ないことも あるけど
せっかく 自分が感じたもの なんだから
その気持ちだけは 大事にしたいの俺は
…ヘビさん もしかして 物捨てられない タイプだったり する…?
!!!
よくわかったね 家に薄い本(同人誌)が 何千冊もあるよ!
手放せない!!!
あらあら…

おしまい

よく認知療法やメンタルケアで有用だと言われている「書き出し法」ってものがある。ヘビさんがやっていたこともそれに近かった。

彼がその手法を知っていたのかどうかは定かではないけれど、どこかで聞き齧《かじ》ってやり始めたのかもしれない。もしかすると、読者の中にも聞いたことがある人や試したことがある人、続けている人がいるかもしれない。

あたいもちょろっとやったことがあるけれど、書くことをキチンと整理したり、しっかり分析することを目的にしてしまうと、「ちゃんと書かなきゃ」と肩に力が入り過ぎてしまう。本来は「書くこと自体が目的」だから、ネットに書くよりももっと気楽に書けるものなのだと思う。

そして書いた中身を見直すことがあっても、それはいつかでいいし、見直さなくてもいい。いや、本当は見直さなきゃ意味がないのかもしれないし、ヘビさんのように書いたものを見直すことが楽しいという状態もあるのだろうけれど、あたいはズボラで三日坊主タイプの飽き性なので、多分見直すということを考え始めると億劫《おっくう》になる。だから、書くことを目標であり成果にしたほうがいい。書くことで心に強く残ることも増える。だから、書くだけですでに最大限にメリットを享受できている。あたいはそう思うことにしている。

そして、あたいのような目に見える成果がないとやる気が出ない人間は、他者の反応（たとえば「いいね数」などの指標）でモチベーションが上がるタイプなので、一人でつらつらと書くことにあまり意味を見いだしづらいのだけれど、たとえば書き出した場所がSNSなら投稿数、日記帳なら冊数やページ数、そういった可視化された成果は「こんなに書けたんだ、すごいな」という自信にも繋がると思う。これはもう、見返すと同じくらい効果があるんじゃないだろうか。

自分のつらさの大きさを数値化（可視化）することは、絶望の深さを見つめるようで怖いかもしれないけれど、ひとつひとつの詳細に目を当てるよりもずっと楽だ。なにより自分のつらさが実態のないモヤモヤした状態で心の中にあるよりも、「これだけの数のつらさが自分の中に積もり積もっていたものなんだなぁ」と考えられるようになると、意外とスッキリすることもあったりするしね。

つらさを「話し合う」

第7話

その日の夜は静かだった。

昼間は企業勤めしている人や
車が行き交う大通りも
この夜はすっかり、
信号機の意味もない
静謐な大路と化していた。

「つらさを乗り越えましょう」
という言葉はとても前向きで明るく
希望や善意に溢れている。

けれど、排気ガスのように
外から浴びたそのつらさの毒を
吸い込み生きることは
美しくあっても美談ではない。

つらさとは話せないものだし
話しても簡単に
手放せるものでもない。

共有しても愚痴っても
つきまとう。

だけど時に
美しくない方法であっても
生きるために
断ち切ることは
できるのかもしれない。

今回はそんな
つらさと正面切って
向かい合った人のお話。

つらさを話し合う
「その原因と
向かい合う」
苦しくても
直接対決を選んだ
人の話
in 深夜カフェ
Coffee
今日は
ありがとう
ございます
いえ
こちらこそ
わざわざ
お忙しいのに…
いえいえ
そんなこと
ないですよ
いや
有名な方なので
忙しいでしょう…
ほんまに
全然ですよ
ほんま
いえ いえ いえ いえ いえ
あたいの
飲み友達の
友達で
しかもあたいの
SNSの
フォロワーさん
ってことで…
今日は
インタビュー
というか
お話が聞けたら
という感じなので
話しづらかったら
お茶しばいて
甘いもの食べる会
にしましょ
いやそんな
むしろ相談
したかったので
話させてください

…じゃあ
とりあえず
甘いものでも
食べますか
そうですね…
せっかく
なので…
深夜のザッハトルテ…♡
つらさ…
ってテーマに
ついてなんですが
本当に
タイムリー
なんですよ
私
最近になって
初めて人生で
つらさと
ちゃんと
向かい合った
気がします
実は私
浮気されてた
んですよ
パートナーに
ずっと
ずっと
付き合ってる
パートナーに
ずっと
浮気されてた
んです

その浮気に気づいてから
ほんと毎日気が気じゃなくて
生きてるのに心が死んでるからずっとキツイんです
臓器が死に向かっているのかずっと不調で心身ともに苦しくて
一人で抱えるのも無理だと思ったので
友達にも相談したり
ネットでも夜な夜な怨嗟《えんさ》を書き綴りました
でもダメですね
誰も真剣に取り合ってくれない
それで私は私の心の痛みは
それを与えた原因であるパートナーに
直接ぶつけてやるしか同じ痛みを味わってもらえないと気づいて
パートナーに言って迫ってやりました
半ば自暴自棄で

今考えると もっと 言い方や 伝え方はあったかも しれません
でも もう必死で
相手を 目の前にしたら 言葉がボロボロと 出てしまって
!?
とにかく 私がどれだけ 苦しんでいて どれだけ 悲しんでいるかを 伝えました
すると相手は
「今まで まったく 気づかれて いないと思ってた」
「そんなに 苦しめてるのなんて 知らなかった」 って白状しました

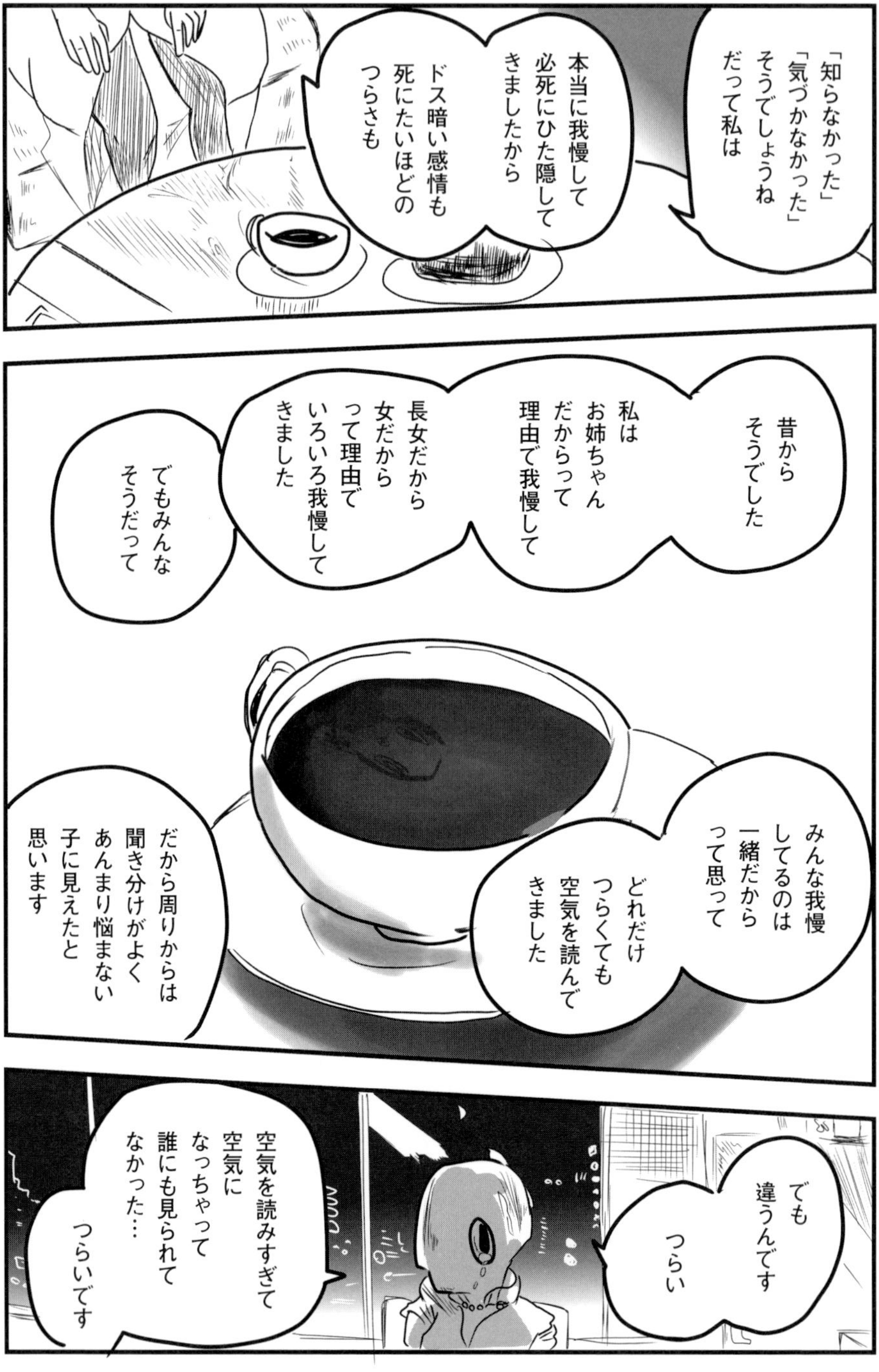
だって私は
「知らなかった」
「気づかなかった」
そうでしょうね
本当に我慢して
必死にひた隠して
きましたから
ドス暗い感情も
死にたいほどの
つらさも
昔から
そうでした
私は
お姉ちゃん
だからって
理由で我慢して
長女だから
女だから
って理由で
いろいろ我慢して
きました
でもみんな
そうだって
みんな我慢
してるのは
一緒だから
って思って
どれだけ
つらくても
空気を読んで
きました
だから周りからは
聞き分けがよく
あんまり悩まない
子に見えたと
思います
でも
違うんです
つらい
空気を読みすぎて
空気に
なっちゃって
誰にも見られて
なかった…
つらいです

でも私は最後の最後に
全部自分を殺しちゃうその一歩前に
自分を生かせたんだと思います
私にとってヤケクソでも「つらい」と直接相手に伝えることは
私を無視しないでという
SOSでした
傷つけてきた相手にSOSを送るっていうのも変な話ですが
私の中で好きな人だからちゃんと見てほしいっていう願いと
憎いからこそ傷に気づかせたいという復讐心がありました
結果それで相手は「浮気をやめる」と言ってくれました
でも

友達からは「別れたほうがいい」って言われましたし
私自身も本当に大丈夫だろうか？
結局この気持ちは相手に理解してもらえていないんじゃないか？
友
?
って疑念がずーっと頭の片隅に残りましたよ
人のつらさを理解してちゃんと向き合うって
言葉ではなんとでも言えますから
とくに他人に話しても
言葉で言い表せないこのグチャグチャな心は
自分でも全容がわからなくて苦しいのだから
他人になんて真にわかるはずもないとも思います

でもそれで いいんです
とりあえず 言葉にできる ところから 言葉にして
外側に出す
相手に 気づいて もらう
ここに 心があると 表明する
そして 私のつらさを 理解できなくても
軽視しなければ それでいい
逆に言うと
次 私のつらさを ナメるような ことをしたら
きちんと別れて 二度と会わないで おこうと思います
その日の ケーキは
ありがとう
話してくれて
ほろ 苦かった

おしまい

つらさと直接向かい合う――それは、自身の中で踏ん切りをつけたり、思い切って捨て去ったり、自己完結することだけじゃない。つらさを抱えている原因に、「あなたのせいでつらいのです」と伝えることも、またひとつの克服だろう。

あたいもいわゆる毒親と呼ばれるような母親と、訣別《けつべつ》するために大人になってから再会し、そして和解や理解、あるいは禍根《かこん》を残すような仲違いじゃなく、適度な距離感での別れを選んだ。つまり、「あなたとは普通の家族ではいられなかったけれど、今はもう恨んでいないし、別々に生きて不幸を願わない仲になりましょう」というような、母と息子としてじゃなく、人と人として、別の存在としての他者の尊重を取り持つ距離感にということ。

これはあたい自身が一人で考え、一人で思っていても生まれない克服だった。あたいがそんなつらさを抱えていることを相手が知っていなければ、共有していなければ、いつまでもヤキモキとした平行線を辿《たど》っていたはずだ。だから、自力で一度は交差する（言葉にして伝える）ことを選び、そして交差した後の道はそれぞれ別の方向を向いていることを伝えた。

ケリをつけるという意味での対話は大事だ。対話して交じり合った後は、お互いに別の道に進むか、それとも様子を見てともに進むのか、それは人や状況によって異なるだろうけれど、一人で完結できない克服のためには一度、たった一度でいいから、とにかく立ち向かってそれと交差するタイミングが必要かもしれない。

サカナさんが相手と交差するまで、どれだけの時間を要していたのかはわからない。けれど、あたいの場合は母親と再会するまでに10年以上を必要としたし、タイミングを逃せばまだ会っていなかったかもしれない。

第8話

「夜の街は怖いもの、
夜に働く人は怖いもの」

という先入観は存在する。
実際、夜にはたしかに
恐ろしいことや場所も
存在する。

でも少なくとも
あたいにとって
彼は怖くない
ただの優しい兄ちゃんだった。

「こんな業界だから」
「そういうところで働く人だから」
「夜の世界のことだから」

そういう先入観は
当事者への攻撃を簡単にするし
当事者達が諦めや弱者切り捨てを
強めていく原因にもなる。

そしてこうしたことは
あらゆる業界や世界に
あてはまることだろう。

加害者より
被害者を責めるほうが
楽だし簡単だから。

今回はそれでも
被害やつらさを訴える
選択を取った人の話。

つらさを話し合う
「つらさを第三者に問う」
専門家や機関に相談した人の話
inそこらへんのバー
——空いてる店ないし…
ここでいいか
おっ古いけどいい感じじゃん
チリン
チリン
案外こういう穴場がいい店だったりすんのよ
クラフト
ビール♡
じゃあかんぱーい
というわけでつらさについてだよな
おっ急に本題入るの大丈夫?
俺も話したくてうずうずしてたから

俺はさ
基本的には仲間内でグダグダ文句言ったり
だりー
うぜー
友
ムカつく
嫌なことあっても「だりー」「うぜー」の言葉だけで十分だったんだけど
23の時かな
ほら もちぎには言ってあるけど
俺当時ホストしてたからさ
まー掲示板とかにいろいろ書かれたわけ
ゲイの世界の水商売や風俗でもあるだろ？
そういうの
スモークナッツチーズ♡
あるねぇ
俺もまー最初は気にしなかったよ
むしろ人気ある証拠？嫉妬されるほど才能あるって裏返し？的な
ポジティブに受け止めようとしてた
でもさ
体は正直だったよ

酒鬱と
ストレスと
誹謗《ひぼう》中傷の
コンボで
体が
ボロボロに
なってった
仕事も
休めないし
体が
明らかに
おかしいのに
どうしたらいいか
わからんくて
…こういう時って
つらいんだけど
いろんなものが
がんじがらめに
なってて
もういったい
どこから
手をつけていいのか
わからんから
ちゃんと
助けも求められ
ないんよな
ヘラヘラ
笑いながら
「休みたいっす」
って言って
ヘラ
ヘラ
ヘラ
上司
それで
相手に真剣だと
思われなくて
「休むな働け！」
って返されて
スィ〜
上司
なんか
「あ、もう
死ぬしか
解決ないんかな」
ってなった

まーもちろん だけど
死ぬしか 解決しない なんて 考えてるのは
冷静に考える 思考力を 失ってるからで
本音 っちゅーわけ じゃないんだよ
わかるよ
自分でも
死にたい なんて 考えるなんて マジやべーぞ
って 気づけた からさ
すぐに 周りの人に 相談したんさ
一番 つらいこと 考えうる原因は やっぱ誹謗中傷…
せんぱーい
情けないけど 俺…
ネットの アンチとか 粘着で メンタル ブレイクしてて…
そしたら

先輩は
そんなの気にするなよ ガキじゃないんだから
同僚は
大丈夫っしょ 大丈夫 大丈夫だって
上司は
見るな 見なきゃ存在しないと一緒
ーーああ みんな
俺のつらさに興味がない
オレのつらさはまちがってるのか
でも俺は思ったんだよ
みんな自分が我慢してきたことや我慢できることだから
人に寄り添ってる暇や余力や想像力がないから
だから
俺のつらさもスルーしただけだって

けど俺は
俺のこの苦しさが正しいって信じてたから
だから弁護士のもとに行った
法的にもちゃんと公《おおやけ》に証明するために
まーそこまで決意マシマシでいかんくても?
「これってどうなん?」って聞きに行くだけでもいいとは思うけどね
無料相談やってる弁護士事務所もあるし
素人判断よりも聞いたほうが確実だし早いもんね
…でも「これは勝てる」って確信するほどのこと書かれてたわけでしょ?
相当つらかったでしょ
まーね
…でも面倒でもやってよかったよ

他人を攻撃するヤツなんて
まーだいたい暇なバカかうっすら病んでるか実生活がつらくてそうするしかないヤツしかいないからさ
そういったヤツらに裁判起こしてやるのって
かわいそうかなとも思ったけど
でも法的に解決することは報復や復讐じゃない
「こっちも傷ついてるからやめとけよ」って言うだけの話だから
俺は自分のつらさを身近な人間に吐き出すとか
医療機関で相談してのみ込むとかじゃなく
弁護士の力で与えてきたヤツらに「返す」ってことを選んだ

…そんな感じかな
ごめんな
かなり特殊なケースだから
参考にならんかもだけど
ううん参考になるよ
少なくともそういう頼り方や選択肢があるんだ
って発想は
きっと誰かの頭の端に残っていつか役立つから
給油
ゴキュ
ゴキュ
…なんつーかさ
告発だったり訴訟とか訴えることって
抵抗あるってヤツもいるんだと思うけど
それは間違ってない
正当な権利だってこと
売れない元ホストが言ってたって書いといてよ
うん…！
おしまい

「復讐しても無駄」

「痛みを知る人は優しくなれる」

「やり返したら向こうと同じになる」

という綺麗事がある。


初めは復讐の虚しさを知った被害者の言葉だったのかもしれない。けれど、いつしか復讐されたくない加害者に利用されるようになったのだと思う。加害者を糾弾《きゅうだん》するより、弱った被害者に対して「こいつにも落ち度があったのではないか?」と考えるほうが楽で、被害者を責めるほうが簡単だから、だから被害者の口を塞《ふさ》ぐ言葉が横行する。本来、被害を受けて人が成長するわけがないし、成長する必要もないというのに。

そんな中、オオカミのカミさんは、周りからの「まぁまぁ」という制止を振り切って、ちゃんと抵抗することができた。抗議や訴訟も、魂の抵抗だ。あたいとしては、彼が店を辞めるという解決手段を選ばなかったことはすごいと思った。いじめなどでも被害者が転校することはままあるけれど、どうして被害者が労力と我慢を強いられた挙げ句、居場所を明け渡さなければならないのか。理不尽ではあるけれど仕方がないと、あたいは常々モヤモヤとしたものを感じていた。

カミさんはかなり優しい人なので、つらさを相手に認知させることを目的とし、加害者に対して過剰な糾弾には持っていかずに示談で済ませたそうだ。これは彼が彼自身のために行ったことであり、自分のつらさを正しいものだと証明するための戦いだったからこその落とし所なのだろう。

彼は戦うことで守り切ったのだ。自分と自分の居場所を。

つらさを我慢することは、周りから見れば「平気なこと」「大丈夫なこと」という表明にもなってしまう。カミさんの場合、業界の体質の温存にもなってしまうだろう。まぁ、個人が社会に変革を与えるとか、悪しき慣習の打破とか、そんな大きなことを背負う必要はないし、背負ったところで焼け石に水だろうけれど、少なくとも手の届く範囲の居場所を守ることはできるのかもしれない。

誰かにつらいと言えないのは、個人の気持ちの問題だけじゃない。その原因や責任が自分の外側にあることも、決して珍しいことじゃない。そんな時、自分で自分を責めたり、他人の反応を気にしてつらさに蓋をするのではなく、抵抗することで救われる人もいる。

そんなことを、今、つらさの渦中で膝を抱えている誰かに知ってほしくて、カミさんがあたいに託してくれたのだろう。

みんながみんな、他人の存在や眼差しを意識して動く必要はなくて、つらい時は自分のつらさだけに集中して動いてもいいのだと思う。

第９話

青く、長いようで短い春。

学生時代にいい思い出があれば
単なる１ページとしてそこまで思い入れのない
人もいるだろうけれど、
あんなに人と密接にならざるを得ない、
というか嫌でも密に接してしまう場所って、
大人になると本当に稀だったとわかる。

若い頃のつらさは
乗り越えるべきものだとか
大人になっていくために
通過するべき儀礼のように
受け取られるし、

周りも若く未熟な者同士に
囲まれているから
思うように話せない。

だから自分自身の中でグズグズと
孤独を募《つの》らせることも多い。

ただ、つらさを育てる
最大の栄養源は孤立だ。

孤独ではなく、
社会や人や家庭の中に
ありながらも
話せないという孤立感。

今回はそんな孤立とつらさとの
狭間を埋めるなにかに
気づいた人の話。

つらさを話し合う
「信頼できる人の声に耳を傾ける」
親友に相談してみた人の話
inオンライン会議
ジェンダー関連の論文を書いている大学生が調査の一環であたいに声をかけてくれた
――今回はご対応ありがとうございました！いい卒論が書けそうです
報酬として代わりにあたいも話を聞かせてもらうことにした
じゃあ今度はあたいの番で
「つらいって言えないことが一番つらい」…ですよね？
ありますよ
私にも経験が

あれは
高校生の時
なんですが——
その前に！
カンパーイ
ハァ
こっからは
お互いに
私的な話だし
仕事じゃ
ないので
お酒飲んで
いい…？
ハァ
ハァ
もちろん
どうぞ!!
私も
飲みます！
りんご酢
チューハイ
おケツ
無糖
レモン
チューハイ（缶のまま）
で、
なんですけど
うん
実は私
高校生の時に
親が離婚
しちゃって
しかも
「どっちの家に
行くか選んで」
って言われた
んですよ
父方も
母方も
実家に戻る形で
両方とも
祖父母が健在で
父
母
高校
どっちの家も
高校の校区から
全然離れてないんで
生活自体は
私にとって
そこまで変わらない
なーって思ってたん
ですけど

でも私
そんな単純に決められなくて
だってずっと当たり前にいるものだと思ってた両親が
どっちか欠けちゃうんですよ?
うん…
めっちゃ悲しいですよね?
…しかも選ぶのは私って何気《なにげ》にひどいんですよ
決めてくれたほうが楽だったのに
けど死んだわけじゃないし近いから会えるし
私よりもっともっとかわいそうな家はたくさんありますし
そんなに悩むことじゃない
……って思っててもどーしても無理で

一時期
けっこー
メンタルが
やられて
学校
サボったり
無気力で
ずーっと
寝てたり
怒りっぽく
なっちゃって
すっごい自分が
嫌なヤツに
なってた時期が
あったんですよ
でも
友達が――
どしたんよー
話
聞くじゃん
親友～
一番の親友が
そう言って
くれたのに
でも
この子は
母親が亡くなって
一人親で育ってる
だから――

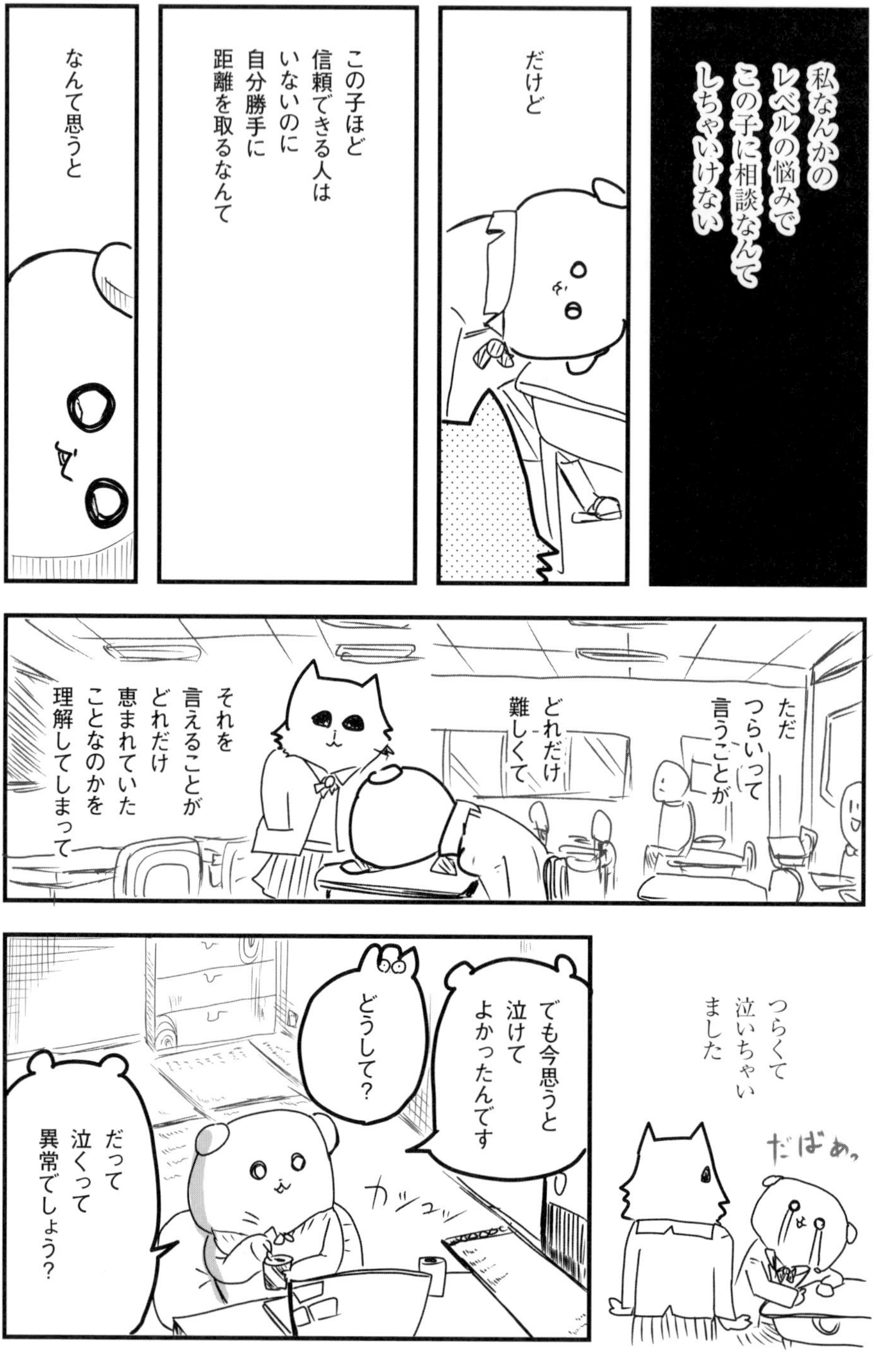
私なんかのレベルの悩みでこの子に相談なんてしちゃいけない
だけど
この子ほど信頼できる人はいないのに自分勝手に距離を取るなんて
なんて思うと
ただつらいって言うことがどれだけ難しくて
それを言えることがどれだけ恵まれていたことなのかを理解してしまって
つらくて泣いちゃいました
だばぁっ
でも今思うと泣けてよかったんです
どうして?
カシュッ
だって泣くって異常でしょう?

「私は今
つらくて
心が異常に
なってます」って
伝える手段は
言葉だけじゃ
なかったみたい
だから――
あの時
私が
落ち着くまで
待ってから
その子は
私の話を
ゆっくり
少しずつ
聞いてくれて
そこで
私はその子に
問いかけたんです
私
どうすれば
いいと思う？
どっちに
ついていくのが
正解だと思う？
そしたら
う――ん
どう
なん
だろう

たぶん
君の性格だから
私の言う通りには
絶対しないし
参考にも
しないと思う
そもそも
人の家庭のこと
人生のこと
簡単に
口出ししたり
指図できないしね？
他人《たにん》が。
でも…
でも君が
どんな
選択をして
どんな後悔や
モヤモヤを
抱えようとも
そのたびに
また私が
そのつらさを
聞くから
つらくても
前に進めそう？
私は

私は目の前にどうしようもないことがあるってわかっていてもその子のおかげで前に進めました
つらいって
なにも解決ができなくても
それこそ避けられなくても
それでも共有することが大事なのかなって
私は思います
チューハイ
こんな感じですね…
どうですか？
全世界に共有したいよ…
どびゃあああ
なっ泣いてるッ
おしまい

つらさを話す。

でも、話す相手は大丈夫？

幸せそう？

不幸そう？

自分よりすごい人？

自分よりかわいそうな人？

そう考え始めると、いろんな感情や先入観が邪魔をして、人に話すというハードルがひたすらに上がり続けてしまう。


クマさんは、自身が抱えたつらさに「もっとかわいそうな人がいるから」「自分はこの子と比べてまだマシだから」という理由で蓋をした。つらさを他人と比較してマシだと思うことでいくらか救われても、根本的な解決にはならないし、なによりそれが自分のつらさを軽視する理由にはならないと、本人ももちろん知ってはいただろう。けれど頭で理解しても、心でブレーキがかかってしまうのが人の常だ。

あたいが思うに、たしかにつらさ自体は「そんなの全然マシなほう」とか言って別のなにかと比較できてしまうものだけれど、つらさを打ち明けるという行為自体は、その比較とは無関係に、案外ブレーキをかけずにもっと気軽に考えてみてもいいのかもしれない。なぜなら、それは一種のコミュニケーションのツールだからだ。

つらさを打ち明ける時、そこにはメッセージが込められる。相手を信用していること、相手と共有することで自分は救われていると伝えること。それは相手への好意のメッセージだ。もちろん、それが依存の兆しに見えてわずらわしさを感じさせてしまうこともあるだろう。けれど、クマさんのように仲のいい友達自らがそれとなく様子を察して、話を聞く合図を示してくれているのなら、存分に甘えるのもいいと思う。

相手から「話してごらんよ」と言われる時、断ることも遠慮することも苦しいだろうけれど、打ち明けることよりは楽だと感じて、つい拒否してしまう時がある。あたいもわかる。でも、思い切ってゲロっちまったほうが楽な時も多いし、なにより話すことはお互いにとっての信頼関係の再確認でもあったりするのだ。

愚痴を言うことで繋がる関係や深まる絆があると思えば、「つらさはコミュニケーションツールでもある」という考えは、案外言い過ぎではないことに気づくかもしれない。

つらさを「考える」

第10話

夜なのに酔っ払いよりも
騒がしい猫達のいるバー。

猫は自由気ままで
悩みもなさそうで
唯我独尊《ゆいがどくそん》に見えるけれど
案外個体によっては
人に甘えたり
群れから離れない子もいる。

猫だって知っているのだ
誰かといるほうが
安心できるし、安定することを。

だけど人とともに腐ること
その人の毒によって
腐らされることもある。
誰かといることが必ずしも正解ではない。

それでも孤独は不安定で
恐ろしいものに見えるから
苦しくても依存や
毒との共存を選んでしまう
人もいるだろう。

今回は猫のいるバーで
よく一人で長時間飲んでいる
不思議な人だと思っていた
知り合いに

「一人になるために
経験してきたつらさ」を
話してもらった。

つらさを考える
「離れてから考えるということ」
とりあえず逃げてホテル暮らしした人の話
in 猫のいるバー
ある夜…
インタビュー相手を探してねり歩いていた日のこと…
もちぎさんはホテル暮らししたことありますか?
ホテル暮らししたことありますか?
え?
ちょっとセレブなイメージだからまだしたことないかな…
いずれするみたいな言い方
店主
あ、でもゲイ風俗で働いてた時は
いろんなお客様とホテルに泊まったり旅行したから月の半分くらいはホテルで寝泊まりってことはあったかも
1day
2day
シティホテル
旅館
ビジネスホテル
過酷……
ニコリ…
いや食費も浮くし稼げるしで一石二鳥よ
強か……

ハニさんは？ホテル暮らししたい？
えー いいな 俺もしたい
私は したこと あるんですよ
あっ でも皆さんが想像するような感じではなく
普通のビジネスホテルですよ
ビジネスホテル
出張とかで泊まるような？
そうそう
今まで そんなところ 利用したこと なかったけれど
新幹線に 乗ってる時に 駅から 見えたから
ハイパーホテルINN
なんとなく そこに行って
連泊って どれくらい できますか？
って伝えて 泊まり込んだんです
その時 私
元夫に DVされてて
もうなにも 考えられなく なって 逃げてたんです

それは大変だったのね…
もう大丈夫ですよ随分前のことなんで
この店に来始めた時くらい？
ううん震災あった年の次かな
あの頃元夫も不安定で
もうほんと毎日朝まで正座してずっと叱られるんですよ
元夫も私の目の前でずっと正座して
延々と私のダメなところを言い続けるんです
拷問《ごうもん》じゃん…
ほかにそのことを知ってる人は？
友達や実家にはそれとなく言いましたけど…
でもどちらかと言えばみんな元夫の味方なんです
「あんたにも悪いところあったんじゃない？」って
私はつらいと周りに言えば言うほど孤立していきました

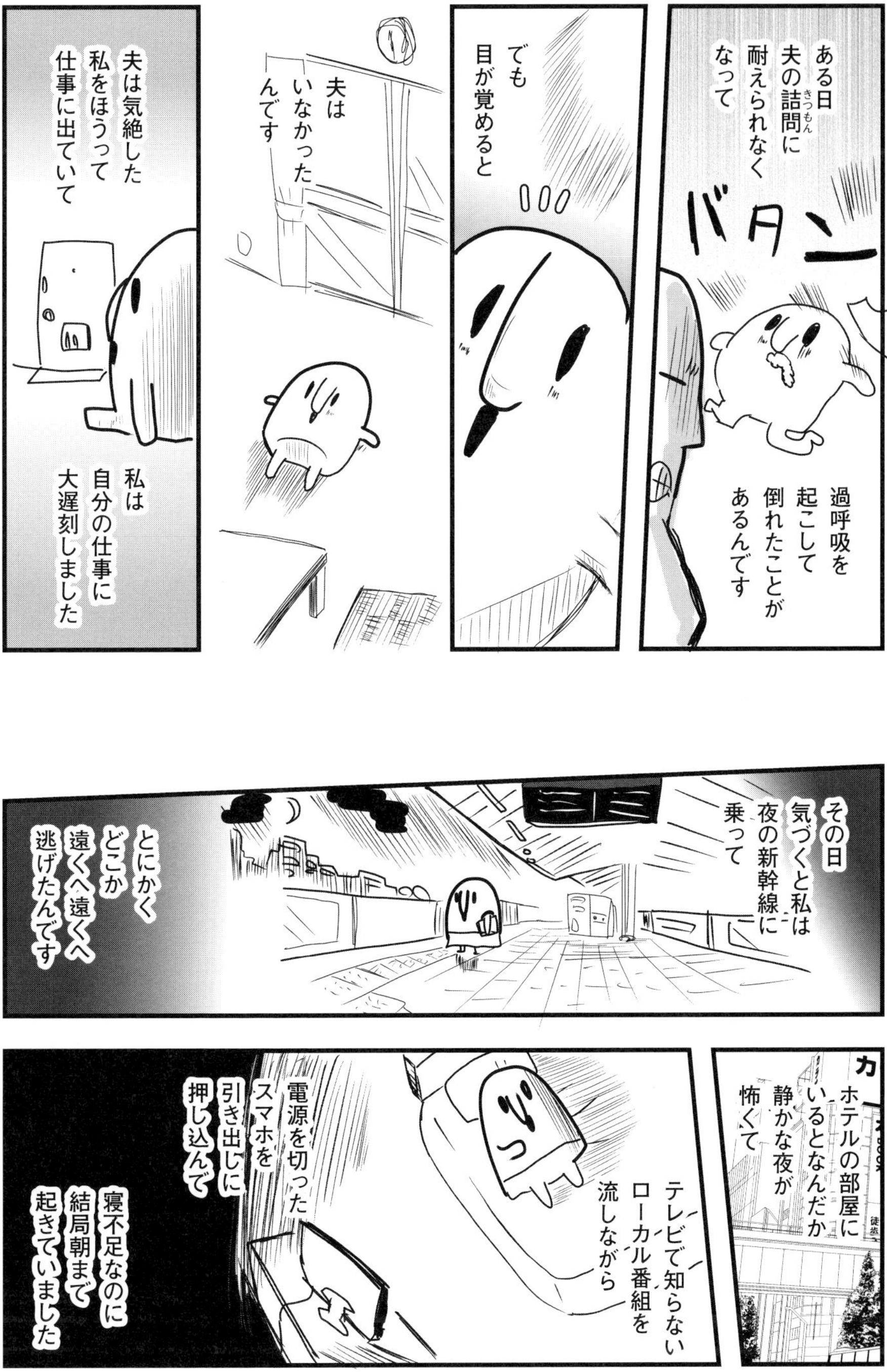
ある日 夫の詰問《きつもん》に 耐えられなく なって
バタン
過呼吸を 起こして 倒れたことが あるんです
でも 目が覚めると
夫は いなかった んです
夫は気絶した 私をほうって 仕事に出ていて
私は 自分の仕事に 大遅刻しました
その日 気づくと私は 夜の新幹線に 乗って
とにかく どこか 遠くへ遠くへ 逃げたんです
ホテルの部屋に いるとなんだか 静かな夜が 怖くて
テレビで知らない ローカル番組を 流しながら
電源を切った スマホを 引き出しに 押し込んで
寝不足なのに 結局朝まで 起きていました

何日も
スマホを見ずに
仕事も休んで
ただ
ボーッと
ご飯を食べて
散歩して
知らない土地で
知らないものを
見て過ごしました
そしたら
ふとした時に
駅前の
広告が目に
入ってきて
おまかせ
弁護士
弁護士
そうだ…
弁護士に
相談すれば
よかったんだ
って
気がついた
んです
私が
やるべき
だったのは
つらさを
理解して
もらうために
話すことじゃなくて
つらさから
守ってもらうために
駆け込むこと
だったんですね
でも
そんなことが――

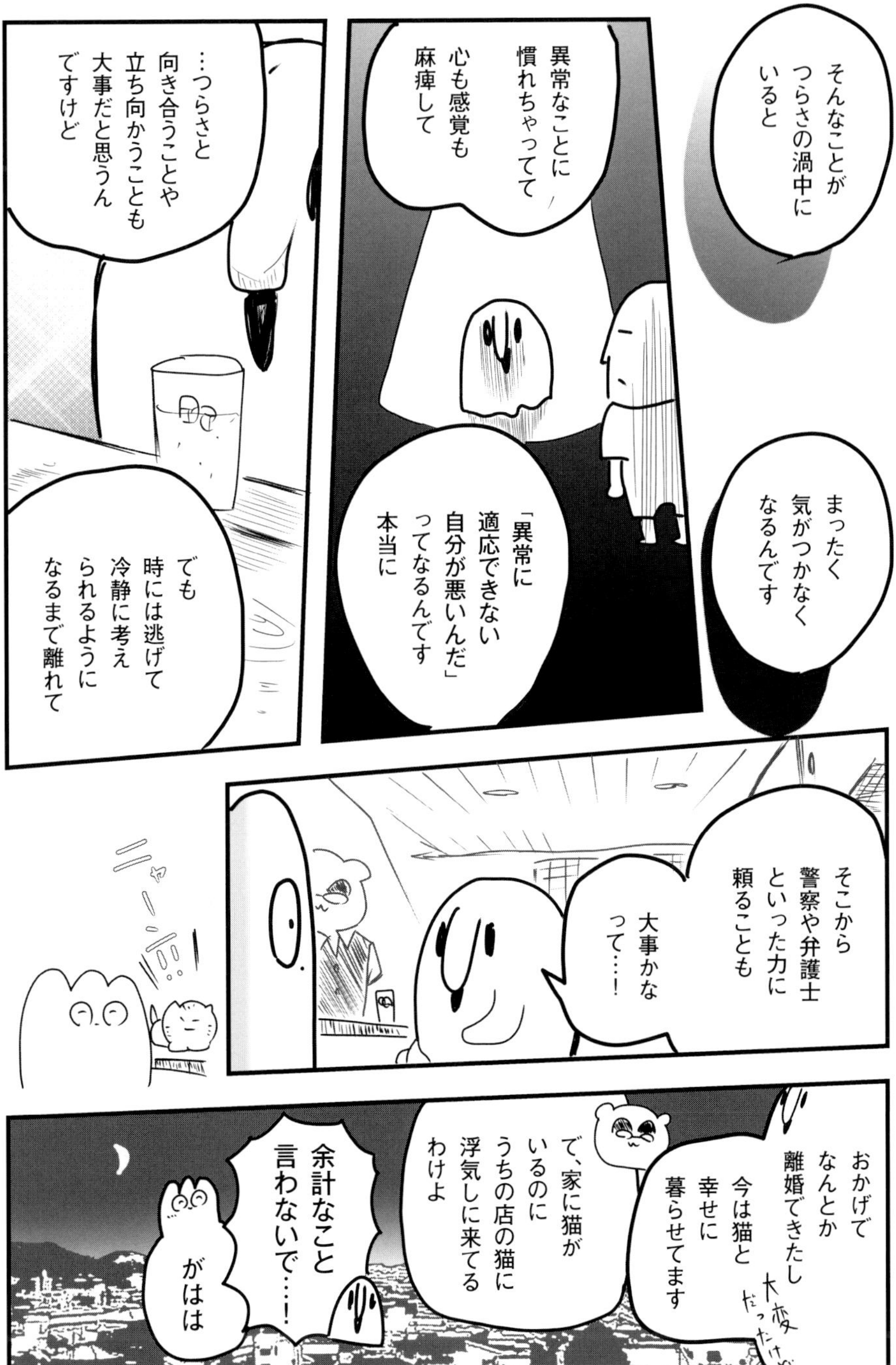
そんなことが つらさの渦中に いると
まったく 気がつかなく なるんです
異常なことに 慣れちゃってて 心も感覚も 麻痺して
「異常に 適応できない 自分が悪いんだ」 ってなるんです 本当に
…つらさと 向き合うことや 立ち向かうことも 大事だと思うん ですけど
でも 時には逃げて 冷静に考え られるように なるまで離れて
そこから 警察や弁護士 といった力に 頼ることも
大事かな って…！
ニャー…!!
おかげで なんとか 離婚できたし 今は猫と 幸せに 暮らせてます
大変だったけど
で、家に猫が いるのに うちの店の猫に 浮気しに来てる わけよ
余計なこと 言わないで…！
がはは

おしまい

つらいと感じる場所にいると、つらさと向かい合う余裕すら奪われていく――

あたいは行動派なので、そうした話を聞くと、つい「そんなところから逃げたほうがいい」「やめたほうがいい」「別れたほうがいい」「関係を切ったほうがいい」と思ってしまうのだ。それは自分自身が家出したり、会社を辞めたりして、戦略的に逃げることでなんとかなった人間だからだ。でも、逃げるには運が絡む。あたいはたまたまいろんな人との巡り合わせのおかげで逃避に成功しただけで、逃避が絶対でないことも知っているし、逃避することでさらに問題が深刻化することもわかっている。

ハニワのハニさんも、「行動してみれば案外上手くいったけど、でも私の場合はたまたまってだけで、人によって難しいでしょうね、離婚も逃避も」と話していた。あたいと同意見だった。おそらく、あらゆるサバイバーがそう言うことだろう。

だけど実際、つらい現場で我慢すること、時間が経ってしまうことで、さらに取り返しがつかなくなることもある。不安を煽《あお》るような言葉だけれど、あたいは現実問題そうであると思っている。

逃げることに関しては、一概《いちがい》に正解がない。少なくともつらさの渦中にある人間にとっては「前門の虎、後門の狼」、逃げようにも逃げ道がないと現状が映っていることも珍しくない。でも、あたいはそれでもやっぱり、つらさから逃げること、離れることのパワーを信じたい。

物理的に距離を取ると、自然と心も離れることがある。人の心って複雑そうに見えて、案外単純な構造を持っている部分もあるのだ。

たしかに距離が離れた当初は、今まで以上に深いつらさを味わうこともあるだろう。モヤモヤが深まることもあるだろう。けれど、つらさと向き合う時間的な余裕、心理的な安全性は、つらさの隣にいた頃よりも確実に人生を自分らしい道に導いてくれる。

人は余裕のない時には碌《ろく》でもない選択をして、ドツボに嵌《はま》ってしまいがちだ。だからといって、余裕があるから正解を選べるわけでもないし、なにが正解かもわかりゃしない。だから、どうせ碌でもない選択をするなら、余裕がなく他人や環境に追い詰められて選ぶより、熟考して自分の愚かさで選び取ってやりたい。あたいはそう思うのでした。

第11話

歳を重ねるということはそれだけの時間、
現実と向き合い続けてきたということだ。

そうした人の成熟した性格や
心持ちにはとても魅力を感じる。

若くして立派な人は多いし
歳を重ねても無条件に
成熟するわけではないけれど、

時間だけが生み出すことのできる観念や人柄は
存在すると確信している。

「時間が解決する」というよく耳にする言説は、
昔はすべてを救う魔法の言葉のように
思えたけれど、あたいも少しは歳を重ねて
人生経験を積んだので
昔とは違う解像度で受け止められる。

「時間が解決してくれないことも、
時間が経つことで理解できる」

そういう達観と諦めこそが
救いなのかもしれない。

今回は歳を重ねた人間が集う
老け専ゲイバーで
飲み明かしてた時に

ふと、目が覚めるような
話をし始めた
ご隠居ゲイの言葉を
ここに残したい。

つらさを考える
「つらさをいったん
隅にやること
忘れること
歳をとるまで
放置すること」
歳をとってから
つらさを振り返った話
in 老け専ゲイバー

焼酎と
枝豆
SUKEBE
ある
実際にある
今はどうにも
ならないことが
歳をとってから
どうにかなる
ケースなんて
ざらにある

もちぎの本を 読む人は 「今」―― どうやって 今を解決するかを 求めているの だろうから
こういう意見は 採用されない かもしれない けれど
いや―― そんな簡単に つらさが 解消できるなら 誰も悩まないし
「今すぐ」の 解決や救いを 求める状態も ゆっくり ときほぐすべき つらさの一部だと あたいも思うから
…そうかい ならいい
これはもう 老人の戯言《たわごと》として 描《えが》いてもいい けれどな
僕は 「つらさ」って そこまで なくすべきものなのか? とも考えたりするんだ
たとえば 子育てや 仕事には どうしても 「好きだから」 で許せたり 乗り越えたり できない時が 訪れる
そんな時 そのつらさに 向かい合って しっかり 「なぜつらいか」を 考えることは ひいては それが 「なぜ好きなのか」 を見つめ直す 機会になると思う

「つらい」とは「固執」だから下手に捨てたり逃げ過ぎると大事なものを持てない人間になるからな
つらくていいし好きなものでもつらさを感じていいつらさを許せるかも肝要
そしてもう一つ「向き合う」ってことは
「自分でどうにかできるもの」ってニュアンスがあまりに大きい
向き合ってもどうにもならないつらさなんて
この世には余るほどある
社会や政治偏見と差別常識と慣習
一人でどうにかできると思っているのならそれはナメ過ぎだ

そういった強大なものを
あるいは理不尽なつらさを
気持ちの問題や自己責任といったそういうフィールドに持ち込んでしまうのは酷だと思うんだな
もちろん個人の意識の変化によって社会は変わる
だが大筋は組織の力で変えるものだ
法を変えなければ人の行動も変わらないように
人の集団から生まれたものを変えるにはもっと大きな流れと力がいる
だからつらさの寛解《かんかい》には本来はもっと長い時間が必要なものなんだ
時間が経ってようやくそのつらさが
つらさだとわかって話せる
手放せるものになることがある

たとえば僕らの頃だと体罰があった
僕は嫌だった
おかしいと声を上げる人間もいたし法もすでにあった
でも「法を守るほうがおかしい」「教師に逆らう人間がおかしい」という空気感のほうが強かった
むしろ殴られた子どもの親が教師に謝罪をしに行った時代だよ
僕も「これは仕方がないことなんだ」と思うことしかできなかった
つらさを認めない社会なら自分のつらさを見つめないこともまた生存手段として正しい…
だけど生き延びてみりゃ案外社会や空気には絶対や不変なんてものはなく
あっさり「あれは間違っていた」と認められることがある

中には「体罰は必要だ」っていまだに言っている人もいるけれど
そうでもしないと自分が受けてきたものが「教育」ではなく「理不尽」だと認めてしまうから
教育
体罰
きっと怖いんだろうね
時代によってつらさの尺度や定義は変容する
今自分が受けている理不尽がいつかはおかしなものだったと棄却《ききゃく》されることもあれば
一生変わらないままだったり
むしろ酷くなることもあるかもしれない
それでも「いつか」を胸に秘めることは大事だよ
時代は変わる
だからそれまでつらさを忘れたり考えないようにすることもまた
生きるってことだと思うから

おしまい

「大丈夫、時間が経てば大丈夫になる」

これは現実逃避だろうか？　楽観主義だろうか？

それとも時代や運に生かされてきただけの無自覚な成功者の戯言なのだろうか？

あたいにもわからない。

時代といった大きな流れでつらさを味わわなかった人、恵まれた環境にあることでつらさがどうにかなってきた人、たまたま我慢することで花が咲いた人、いろんな要因が重なってはっきりと区別できるわけじゃなく、個人の中にもその境界線は入り混じって判別に困る。

だけど――
あたいは少なくとも、ここまで触れてきたさまざまな人たちの物語と生き様のように、考えて選択してきた人、目の前の手を摑んだ人、環境を自らの手で整備した人、それぞれがこのクソみたいな現実を生き延びるためにつらさと向かい合ってきた、その生き方を続けていれば、いつか最後には「時間が経てば大丈夫になる」と言えるようになるんじゃないか、そんな風に考えています。

つまり、生きるために努力し続ければ、自分が納得できるオチになるってこと。

といっても、人間は体力も気力も限られているし、ずっとガチって本気で努力して考え続けるなんて不可能です。この話に出てきたアイスクリーム男爵も、タクシーでおしっこ漏らしたり、ゲイバーでカラオケしながら入れ歯をぶっ飛ばしたり、若い男の子に色をこいて盛大にフラれたりしてました。そういうものです。

「人生は長いから、気長に、気楽に、気軽に」——と言っても、今を生きるあたいたちには今が大事で、今の比重が大きいから響きません。

だけど、いつか今抱えているつらさをふと思い出すくらいに忘れてしまう歳になった時、あたいはつらさを考えて生きてきた人生のことを後悔はしないだろうし、きっと納得するんじゃないでしょうか。

そんな希望を持って、今は絶望と向かい合おうと思います。

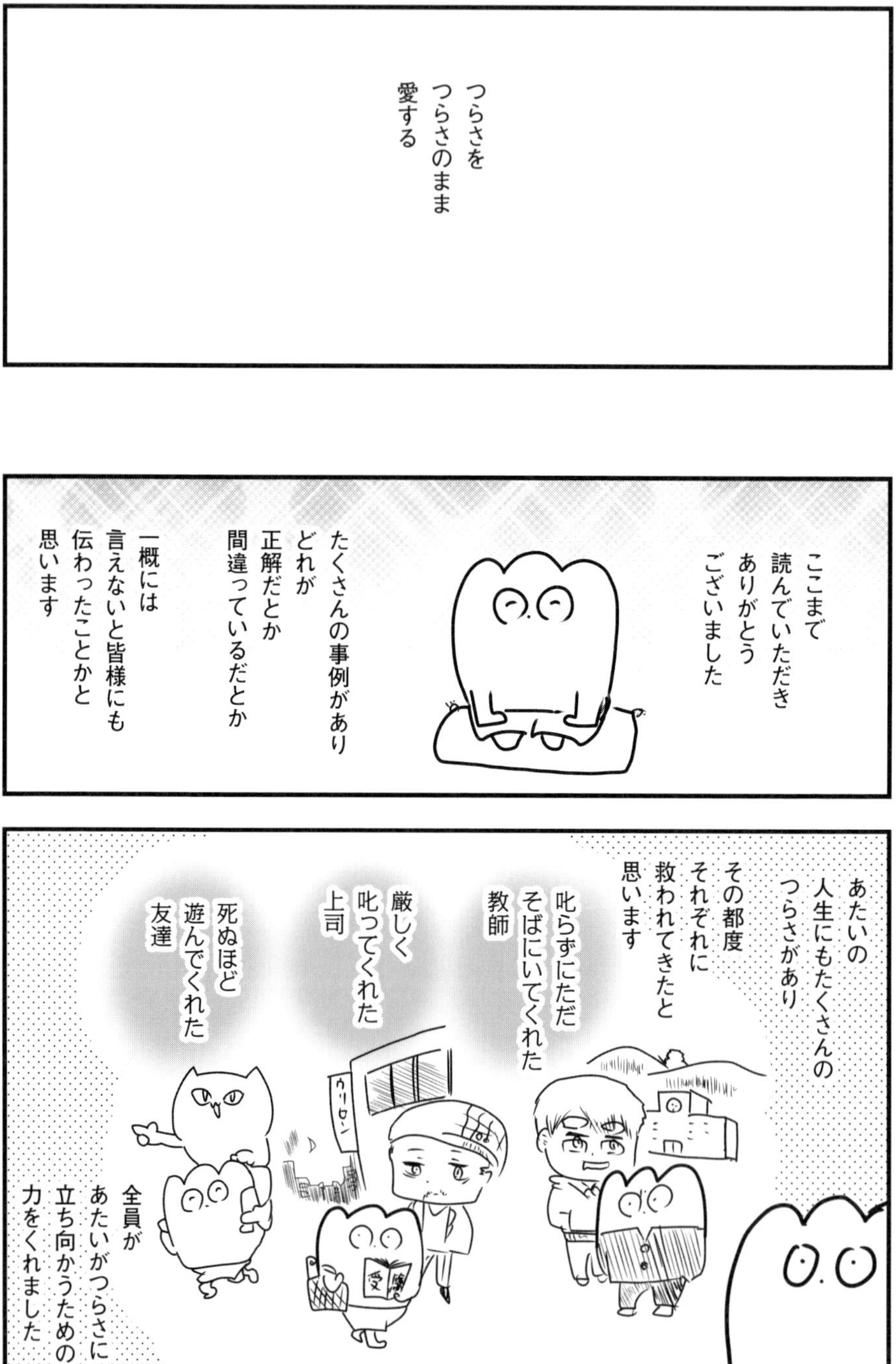
つらさを
つらさのまま
愛する
ここまで読んでいただきありがとうございました
たくさんの事例があり
どれが
正解だとか
間違っているだとか
一概には
言えないと皆様にも
伝わったことかと
思います
あたいの人生にもたくさんのつらさがあり
その都度それぞれに救われてきたと思います
叱らずにただそばにいてくれた教師
厳しく叱ってくれた上司
死ぬほど遊んでくれた友達
全員があたいがつらさに立ち向かうための力をくれました

ほかにも
たくさん取材や
お話を通して
いろんなエピソードや
それぞれのつらさとの
向き合い方を
聞いてきましたが
ここには
書けなかったことも
多くあります
その一つに
つらさを
抱えて亡くなって
しまった人のこと
もうこの世に
いない人の
エピソードです

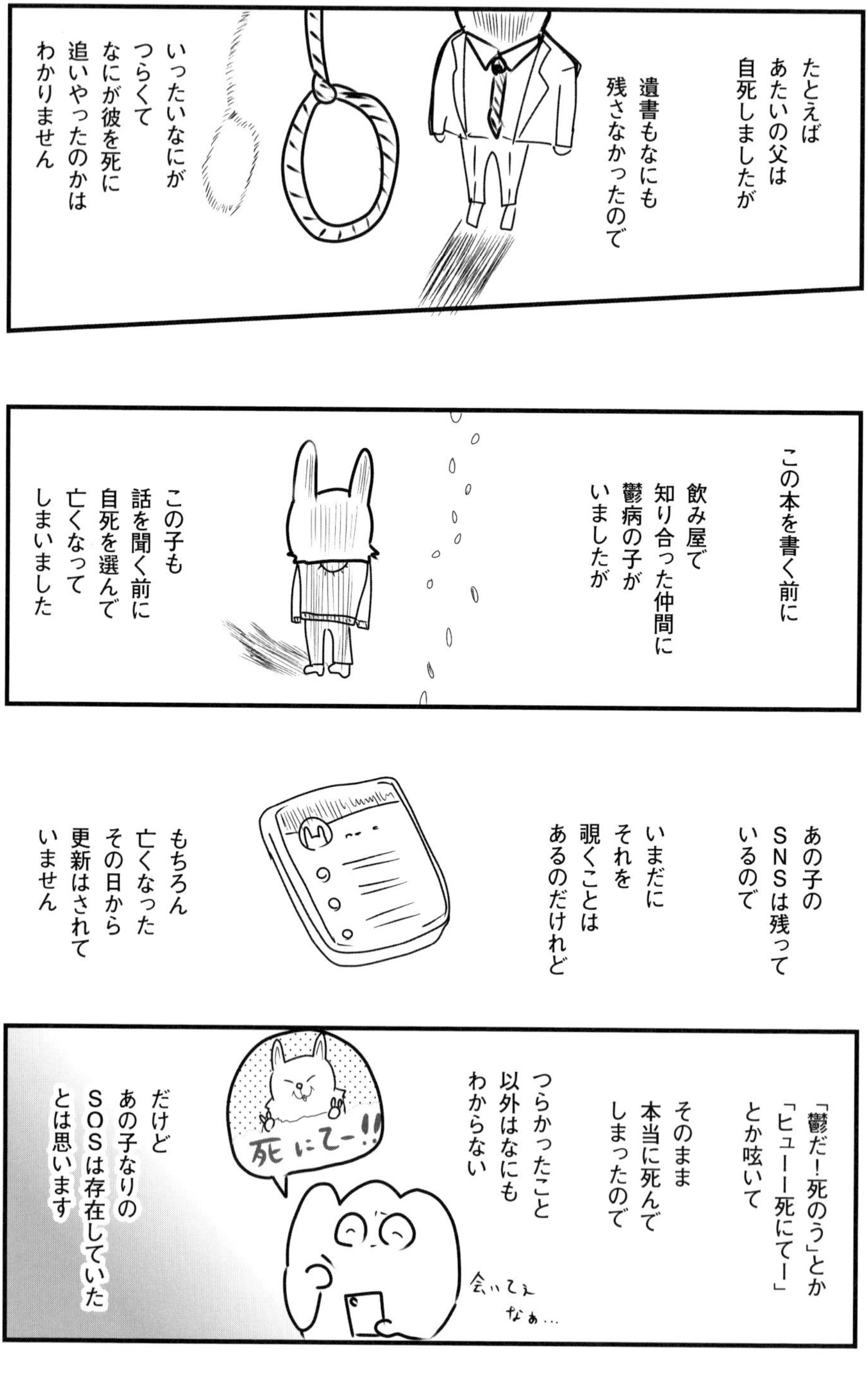

たとえば
あたいの父は
自死しましたが
遺書もなにも
残さなかったので
いったいなにが
つらくて
なにが彼を死に
追いやったのかは
わかりません
この本を書く前に
飲み屋で
知り合った仲間に
鬱病の子が
いましたが
この子も
話を聞く前に
自死を選んで
亡くなって
しまいました
あの子の
SNSは残って
いるので
いまだに
それを
覗くことは
あるのだけれど
もちろん
亡くなった
その日から
更新はされて
いません
「鬱だ！死のう」とか
「ヒューー死にてー」
とか呟いて
そのまま
本当に死んで
しまったので
つらかったこと
以外はなにも
わからない
死にてー!!
会いてぇなぁ…
だけど
あの子なりの
SOSは存在していた
とは思います

でも
死んで
しまいました
ただ
自死がもっとも
つらさに負けた
行動だとか
つらさに
追い詰められた人間は
最終的に
命を絶ってしまうとか
そういう
安直なことは
あまり言いたく
ないのです
こう書くと
まるで無責任に
その選択を
認めてしまって
いるようですが
選び抜いた末の
選択としての
自死だって
存在するかも
しれません
亡くなった人間が
敗者で弱者みたいな
結末にはしたく
ありません
だけど
死人に口無し
なので
亡くなった人が
つらさとの訣別として
前向きな気持ちで
自死したなんて
解釈するのも
いささか
無理矢理で
勝手でしょう
また
実を言うと
あたいも
鬱病の時
未遂の
経験があります

その時は
仲のいい後輩に
もう生きるの
無理そう？
ならさぁ
とりあえず
一週間
遊びましょ
と言って
旅に連れてって
もらって
で、旅行の
帰りに
来月は
仙台
行きましょ
なんて
提案されて
じゃあ
明日から
働いて
お金稼がなきゃ
結局
生きることに
した
あの時の
あたいの
「死ぬ」という
選択は
今、思い返すと
冷静ではなかった
かもしれない
だけど
あの時の
あたいにとって
それは真剣で
切実なものだった

ただ、今は自分で
あの時のつらさを
どうとでも
解釈して

「成長できた」とか
「おかげで
生きることに
向き合えた」とか

前向きに
捉えることも
できちゃうし

不必要で
苦しむ必要のない
ものだったと
邪険に表したりもできる

結局

つらさの
解釈は
生きているうちに
調子次第で
コロコロ変わるのだ

生きてるヤツですら
そんなものなのだから

亡くなった人の
つらさを
解釈することは
もっと正解のない
堂々巡りの
行いなのかもしれない

それでも
その行いを
無駄だとは
思わない

だけど今回
あたいは
作中では省く
ことにした

代わりに
あたいの
死者に対する
思いを示す
ことで

今生きている
読者に

「つらさとの
終わりなき対話
その現実こそが人生である」
と突きつけて

この本の
終わりとしたい

望月もちぎ

おしまい

つらさのあり方は千差万別《せんさばんべつ》で、人によって同じつらさもまた別の様相を示すものです。人の数だけつらさがあるし、そのつらさとどう生きるかも極論、人それぞれ。書こうと思えば辞書くらい書けちゃうでしょう。

だからもちろん、この本に書けなかったエピソードがたくさん存在します。

最後に触れた《死者の抱えたつらさの解釈》のように、書こうと思っても書けなかったり、書いてもそれが他人の眼差しによる憶測と願望の入り交じったものにしかならない話も存在します。死者のつらさを考え続ける〝残された者のつらさ〟も書くべきだったかもしれません。

死を迎える際には解放された喜びがあったのでしょうか、それともつらさへの後悔があったのでしょうか。

向こうの世界に行ってしまった人の心の裡《うち》を知ることはできません。

でも結局は、「つらさとは解釈次第で、生き続ける限り、その解釈もまた常に考え続けられる」のだと思います。そんなしんどくてつらい作業のひたすらの繰り返しこそ、生きている人間にできることだという、どうしようもない現実がこの本のテーマでした。

いったんこの本としては完結となりますが、今後もあたいの人生と作家としての活動は続くので、一生つらさについて考え、なにかを書き続けると、今は考えています。

最後に。

まるでここまでの話をない混ぜやなかったことにするようですが、言いたいことがあります。

つらさとは――決して打ち負かしたり、必ず克服できたり、最終的に切り抜けられたり、全部なかったことにできたり、努力して忘れることができたり、因果応報で解消したり、神様が見てくれていたり、いつの間にか誰かが解決してくれていたり、時間や時代が流し去ってくれたり、誰かに手渡すことができたりするもの――ではないっぽいです。

解決が不可能な時もあります。

だけど、そんな拭いきれないつらさを抱えてしまう自分だけは。

つらさを許せなくても、つらさに苦しむ自分だけは、許してもいいと思うのです。

ここまで書いてきたエピソードは、すべて自分を愛するための手段と方法です。

どうやらこの世界は、自分のことが許せず、自分のことが嫌いなままでもいいっぽいです。

自分のことを嫌う自分を、愛する。

そんな眼差しを自分自身に向けられる時、つらさとともに生きる人生を、もう少しだけ続けられるんだと思います。

つらいと誰かにいうことが一番つらいから

発行日　2023年9月24日　初版第1刷発行

著者　もちぎ

発行者　小池英彦
発行所　株式会社 扶桑社
〒105-8070 東京都港区芝浦1-1-1 浜松町ビルディング
電話（03)6368-8870（編集）
（03)6368-8891（郵便室）
www.fusosha.co.jp

印刷・製本　タイヘイ株式会社印刷事業部
カバー写真　北岡稔章
ブックデザイン　hata design
DTP制作　高瀬信一（センターメディア）
校閲　小出美由規
編集　宮下浩純

ISBN 978-4-594-09577-2